Generis

PUBLISHING

# UTILISATION DES SOUS-PRODUITS AGRO-INDUSTRIELS POUR L'AMELIORATION DE L'ALIMENTATION DANS LE SYSTEME D'ELEVAGE PORCIN /AVICOLE: CAS DE l'ARRONDISSEMENT DE SANGMELIMA

*Présenté par : SECKE Christian Stephan*

**CIP a Camerei Naționale a Cărții**

Secke, Christian Stephan.

Utilisation des sous-produits agro-industriels pour l'amélioration de l'alimentation dans le système d'élevage porcin/avicole: Cas de l'arrondissement de Sangmélima / Secke Christian Stephan. – Chișinău : Generis Publishing, 2020 (Print on demand). – 68 p. : tab., fig., fot. color.

Rez. paral.: lb. engl., fr. – Referințe bibliogr. p. 52-55.

ISBN 978-9975-3318-6-9.

338.439:636.4/.5(671.1)

S 42


Cover image: www.pixabay.com

Generis Publishing

Online orders: www.generis-publishing.com
Orders by email: info@generis-publishing.com

# LISTE DES SIGLES ET ABREVIATIONS

**ACEFA :** Amélioration de la compétitivité des exploitations familiales agropastorales

**BM :** Banque mondiale

**CB :** Cellulose brute

**CDRR** : Centre de documentation pour la recherche rurale

**EB** : Energie brute

**ED** : Energie digestible

**EFA** : Exploitant familial agropastoral

**EM** : Energie métabolisable

**ENA:** Extractif non azoté

**FAO:** Food and agriculture organization

**FCFA** : franc de la Communauté financière en Afrique

**GMQ:** gain moyen quotidien

**IC:** indice de consommation moyen

**ILRI:** international livestock researchInstitute

**MAD** : Matière azotée digestible

**MAT** : Matière azotée totale

**MF** : Matière fraiche

**MG** : Matière grasse

**MS** : Matière sèche

**OECD** : Organisation de coopération et de développement économique

**PB** : protéine brute

**PFC** : programme des forêts communautaires

**PNDRT** : Programme national de développement des racines et tubercules

**RC** : République du Cameroun

**SAILD** : service d'appui aux initiatives locales de développement

**SCC** : Société céréalières du Cameroun

**SE** : Système d'élevage

**T ;** Tourteau

**UFL** : Unité fourragère laitière

**UF** : Unité fourragère

**VAB** : Valeur ajoutée brute

<h1 style="text-align:center">LISTE DES TABLEAUX</h1>



## LISTE DES FIGURES

# LISTE DES CARTES



# LISTE DES PHOTOS

# RESUME

L'utilisation des sous-produits agro-industriels dans l'arrondissement de Sangmélima à travers la recherche et l'amélioration d'un système d'alimentation approprié à chaque élevage (porcin/avicole)a conduit à plusieurs constats: elle a permis la mise à disposition des données sur la composition chimique de 5 sous-produits(tourteau de coton, tourteau de soja ,tourteau d'arachide, son de blé et drêche) en révélant surtout l'importance du tourteau de soja plus riche en énergie métabolisable et de la teneur en protéine brute nécessaire pour la formulation alimentaire. Sur les performances zootechniques au niveau du poids vif, un effet déterminant des sous-produits a été observé, ceci a été à l'origine d'une catégorisation des poids dans les fermes de poulct dc chair (2± 0,01 kg) et (2,5±0,01 kg). Pour les fermes porcines, des poids lourds, mi-lourds, moyens et enfin des poids légers ont été également distingués. Au niveau de la vitesse de croissance, une incidence sur la vitesse de croissance des sujets, induite par les quantités et la nature des sous-produits ingérés a été illustrée dans les fermes porcines. Ainsi, la ferme 2 dont les sujets sont alimentés avec de la drêche et du son de blé à des quantités importantes s'est qualifiée par des vitesses de croissance les plus élevées. Pareillement, dans les fermes d'élevage de poulet de chair, la ferme 3 dont les animaux sont nourris à des quantités importantes en tourteau de soja et son de blé, a enregistré les performances de croissance le plus importantes. L'effet des sous-produits agroindustriels sur l'indice de consommation a été également souligné, avec des valeurs prédominantes de l'IC en particulier pour des sujets de la ferme de poulets de chair alimentés avec le tourteau de, et également pour des sujets de la ferme porcine alimentés avec de la drêche et du son de blé.Le taux d'incorporation des sous-produits avec différentes proportions influe sur le coût des rations, ainsi la ration la plus onéreuse a été observée en cas d'incorporation du tourteau de coton (5kg), tourteau de soja (7kg) et du son de blé (4kg) pour les fermes d'élevage de poulet de chair dont la valeur est de 4 610FCFA. Pareillement, l'incorporation de la drêche et de son blé a conduit à des rations onéreuses dans les fermes porcines. Cependant, la ration la moins couteuse (1829FCFA) est obtenue suite à l'incorporation, soit avec des faibles proportions du tourteau de soja et du tourteau d'arachide pour le fermes porcines, où également l'incorporation avec des quantités importantes de du tourteau et de son de blé.

**Mots clés**: Incorporation, sous-produits, agro-industriels, performances zootechniques, alimentation, porc, volaille, Sangmélima.

# ABSTRACT

The use agro-industrial by-products in the Sangmélima district through research and improvement of the feeding systems appropriate to each  management type (swine or poultry) has led to several observations: the availability of data on the chemical composition of 5 agro-industrial by-products (cottonseed meal, soybean meal, peanut meal, wheat bran and grapefruit) revealing above all the importance of soybean meal, which contains high levels of metabolizable energy in their crude proteins content required for the food formulation. When considering the productive performances, particularly the body weight, a significant effect of agro-industrial by-products led to definite two mean values of weight in poultry farms: $2 \pm 0.011$ kg and $2.5 \pm 0.011$ kg. Similarly, heavy-, light heavy and medium-body weights were observed in swine farms.

An incidence on the growth rate induced by the quantities and the nature of the agro-industrial by-products ingested was observed. Especially, pigs from the farm 2 which are fed with high amounts of grains and wheat bran show the highest growth rates. Similarly, chickens from farm 3 and which are fed with high amounts of soybean meal and wheat bran are characterized by the highest growth rates.

The agro-industrial by-products influenced also the IC (Consumption Index). The high values were obtained with the soybean meal observed in the chicken farms which, and also with the grains and wheat bran in the swine farms. The incorporation of agro-industrial by-product with different level rates affects the cost of food rations. The high expensive ration (4610 FCFA) was observed in poultry farms with an incorporation of cotton rest (5kg), soybean meal (7kg) and wheat bran (4kg). However, the low expensive ration (1829FCFA) was obtained both by the incorporation of cake soybean and peanut meal with low amounts, or also the incorporation with high amounts of wheat bran and wheat.

*Key-words*: Incorporation, agro-industrial, by-products, productive performance, feeding system, swine, poultry, Sangmelima.

# INTRODUCTION

Une bonne conduite alimentaire et sanitaire des élevages avicoles et porcins conditionne une meilleure production en quantité et en qualité de viande (**Mafwila, 1990**).L'utilisation des sous-produits agro-industriels joue un rôle important dans le système d'alimentation porcin et avicole probablement grâce à une meilleure plus-value d'intensification des productions animales. Or, d'importants tonnages des sous-produits agro-industriels sont soit totalement perdus, soit peu utilisés annuellement. Chez les animaux, la reproduction est une fonction noble, un luxe qu'ils ne se payent que lorsque leur valeur alimentaire est satisfaisante. La notion de sous-produits industriels ne doit pas prêter à confusion. Un sous-produit est un produit résidu qui apparaît durant la fabrication ou la distribution d'un produit fini (**Abdelaziz, 2009**). Il est non intentionnel et non prévisible mais accidentel. Il peut être utilisé directement ou bien constituer un ingrédient d'un autre processus de production en vue de la fabrication d'un autre produit fini (**Abdelaziz, 2009**).

Au Cameroun comme dans plusieurs pays d'Afrique, les secteurs de l'élevage avicole et porcin connaissent une multitude de contraintes communes; sanitaires liées à la conduite des animaux, organisationnelles et managériales liées au financement, auxquelles s'ajoutent le cadre global de la production et l'environnement des affaires dans le secteur et surtout nutritionnelles (**Minepia, 2009**).Cette situation nous a conduit à adopter un système d'alimentation approprié à chaque élevage afin d'aider les petits et moyens éleveurs à mieux s'organiser et à améliorer le besoin alimentaire de leur élevages.

Au Cameroun, les sous-produits utilisés dans la zone de Sangmélima ne sont pas valorisés par les éleveurs porcins et de poulet de chair du fait du manque des informations sur leurs valeurs nutritives, des limites techniques de leur incorporation et leurs effets réduits sur les performances pondérales des animaux. Face à cette situation de contraintes majeures, l'objectif général de ce travail vise à souligner l'intérêt de l'utilisation des sous-produits agro-industriels dans l'alimentation des porcs et des volailles.

De manière plus spécifique, ce travail cherche à:

-Déterminer la composition chimique de quelques sous-produits agro-industriels,

-Déterminer l'effet d'incorporation des sous-produits agro-industriels sur les paramètres zootechniques (Poids, GMQ, IC) des poulets de chair et des porcs,

-Evaluer le coût du taux d'incorporation de ces sous-produits agro-industriels dans les rations alimentaires des poulets de chair et des porcs.

**REVUE BIBLIOGRAPHIQUE**

## 1. Contexte socio-économique de l'élevage porcin/avicole au Cameroun

Au Cameroun, la consommation de la viande porcine est relativement faible sur le plan national, en particulier à l'échelon villageois à cause d'une substitution par l'autoconsommation d'autres sources de viande issues soit des petits élevages dans les régions septentrionales et des Hauts Plateaux de l'Ouest soit de la chasse et/ou de la pêche dans les régions côtières et de la forêt humide. Généralement, la viande porcine est localement consommée lors des cérémonies (**Ndébi et al, 2009**).

L'aviculture camerounaise caractérise par un fort potentiel de production de la viande pouvant récompenser le déficit national en protéines animales. Par exemple, la viande de volaille contribue à titre de 4,1 kg/habitant/an, quantité ne permettant de couvrir que 11,2 g de protéines contre les 30 g/habitant/jour recommandés à l'échelle internationale (**IRAD., 2003**).

## 2. Caractéristiques socio-économiques et systèmes d'élevage porcin

L'élevage porcin est surtout exercé par des éleveurs de sexe masculin dont l'âge est situé entre 30-50 ans en moyenne. La représentation féminine, bien qu'encore faible (environ15% des éleveurs), elle constitue néanmoins une dynamique pour le développement de la filière porcine. Il y a lieu de penser que des innovations technologiques telles que l'utilisation d'équipements modernes et des aliments complets d'une part et les efforts de vulgarisation d'autre part, sont de nature à favoriser plus de vocation chez les femmes éleveurs. En outre, le fait que la majorité des éleveurs (74,2%) (**Ndébi et al., 2009**) aient été à l'école et que la plupart d'entre eux sont des jeunes est un atout dans l'optique de la vulgarisation et de l'adoption des techniques modernes de production. Par contre, la plupart des éleveurs n'ont pas reçu une formation de base en élevage ce qui représente un handicap dans la maîtrise des techniques du succès d'une exploitation porcine. Force est de reconnaître cependant que l'absence des structures de formation en élevage porcin dans la majorité des zones de production oblige la plupart des éleveurs à acquérir quelques connaissances de façon empirique et par conséquent à être de vrais amateurs.

En outre, l'expérience importante (5 ans et plus) de la majorité des éleveurs, surtout ceux des Hauts Plateaux de l'Ouest (81,3%) ne semble pas évolutionniste de la filière qui reste toujours une activité secondaire pour près de 90% d'entre eux (**Ndébi et al., 2009**).

## 2.1. Système d'élevage porcin

Deux systèmes d'élevage porcin caractérisent l'arrondissement de Sangmélima : élevage en divagation et élevage en claustration.

### 2.1.1. Système d'élevage porcin en divagation

La divagation est le mode d'élevage traditionnel qui concerne des races locales originaires de l'époque précoloniale où les villageois possédaient déjà des petits élevages divagants. Dans les villages auxquels la divagation des porcs est encore pratiquée, les éleveurs possèdent des effectifs réduits ne dépassant pas 3 truies. Souvent, les éleveurs laissent les reproducteurs gardés en permanence avec les femelles sans aucun contrôle de la reproduction. Dans des telles conditions, chaque truie met bas deux fois par an donnant ainsi naissance à 6 porcelets en moyenne par portée dont la moitié est viable. Cependant, uniquement la moitié des porcelets nés atteignent l'âge de commercialisation (de 2 mois à 2 ans). Le prix d'un porcelet vendu à 2 mois d'âge est de 5 000 FCFA, alors qu'à l'âge adulte, l'animal est commercialisé avec une valeur de 20 000 FCFA. La valeur ajoutée brute (VAB) par truie est estimée à 40 000 FCFA/an(**Apithy et Léa, 2010**).

### 2.1.2. Système d'élevage porcin en claustration

Trois types d'élevage porcin en claustration ont été décrits dans la zone de Sangmélima: 1) naisseurs engraisseurs familiaux, 2) naisseurs engraisseurs patronaux et 3) engraisseurs familiaux. Notant que ces systèmes d'élevage porcin se concentrent essentiellement la périphérie de la ville de Sangmélima (**Apithy et Léa, 2010**). Les porcs élevés sont de la même race Large White de grande taille et qui se caractérise par une importante vitesse de croissance. Les éleveurs naisseurs familiaux possèdent des élevages comptant 56 porcs en moyenne, souvent un mâle, deux à trois femelles et le reste des porcelets à engraisser pendant deux mois avant leur commercialisation. Dans le système patronal, le nombre d'animaux est beaucoup plus élevé, soit environ 2 mâles, 15 femelles et en moyenne 25% des porcelets sont vendus à l'âge de 2 mois, 50 % à 3,5 mois, et 25 % à 8 mois d'âge. L'étalement de la vente permet de cibler différentes catégories des consommateurs et par conséquent des revenus plus importants (120000 Francs CFA pour un porc âgé de 8 mois et de poids égal à 80 kg contre 15000 à 20000

Francs CFA pour un porcelet âgé de 2 mois et pesant 10 kg). Les éleveurs engraisseurs familiaux, quant à eux, ils achètent des porcelets âgés de 2 mois et les engraissent pendant une période de 11 mois (**Apithy et Léa, 2010**).

## 2.2. Principales contraintes des systèmes d'élevage porcins

### 2.2.1. Contraintes nutritionnelles

Il est possible de substituer le maïs dans les rations complètes distribuées aux porcs par de la farine de cossettes ou celle de manioc, respectivement à hauteur de 40 % et 30 %, sans avoir des effets négatifs sur les performances (**Bindelle et Buldgen,2004**).Malgré l'importance des études sur la mise au point de systèmes d'alimentation porcine basés sur le manioc, peu ou pas de connaissances sont disponibles sur l'utilisation des cosettes de manioc par les porcs (**Preston, 1988**). Ceci peut sans doute s'expliquer par le fait qu'en général le coût d'opportunité du manioc pour l'alimentation humaine dépasse sa valeur pour l'alimentation animale.(**Preston, 1988**).L'obstacle biologique lié à l'utilisation exclusive des racines de manioc dans l'alimentation des porcs et des volailles réside dans la présence d'un glucoside qui augmente le taux d'acide cyanhydrique chez l'animal (**Preston, 1988**). Pour les feuilles de patates douces, il n'y a pas d'autres limitations biologiques combinées à leur utilisation dans l'alimentation des animaux, excepté leur faible taux en protéines (**Preston,1988**).En ce qui concerne les feuilles de banane, elles ont été employées surtout pour l'alimentation des porcs soit fraiches(fruits mûrs) ou ensilées. La principale contrainte d'utilisation des bananes est sa richesse en amidon sous une forme difficile à digérer.

### 2.2.2. Contraintes socio-économiques liées à l'utilisation des sous-produits agro-industriels

Deux principales contraintes socio-économiques liées à l'utilisation des sous-produits agro-industriels ont été identifiées dans l'élevage porcin:
**Coût d'opportunité pour l'alimentation humaine** : les jeunes feuilles de manioc sont régulièrement cueillies et préparées pour la consommation humaine dans divers pays africains, notamment le Cameroun. La valeur marchande des feuilles de manioc, là où elles sont consommées, est souvent supérieure à celle des racines tubéreuses, de sorte que leur vente contribue de façon substantielle au revenu des ménages ruraux (**FAO,2013**).

**Coût du transport et/ou des transformations des racines de manioc**: étant donné que la conservation des racines de manioc est limitée en raison de leur richesse en eau, par conséquent elles sont hautement périssables, et par conséquent, elles doivent être préparées dans les quelques jours après la récolte (**FAO, 2013**).Plus le délai du transport ou de transformation est long, plus probables seront les risques de dépérissement.

## 2. Caractéristiques socio-économiques et systèmes d'élevage de poulet de chair

### 3.1. Caractéristiques socio-économiques

La production avicole au Cameroun est dominée par le secteur traditionnel qui représente plus de 70% de la production répartie sur toute l'étendue du territoire national, alors que l'élevage industriel est limité surtout sur les zones périurbaines de Douala, Yaoundé et Bafoussam. L'état actuel de l'aviculture au Cameroun est tributaire des dynamiques particulières aux différents systèmes d'exploitation présents sur le terrain. Les systèmes d'élevage avicole sont subdivisés en deux grands volets ; le premier volet traditionnel regroupe trois maillons (production, collecte, conditionnement et distribution), alors que le deuxième volet moderne ou commercial regroupe quatre types d'acteurs (accouveurs, importateurs de poussins âgés d'un jour, fabricants d'aliments et vétérinaires en clientèle privée qui généralement organisés en sociétés pharmaceutiques). Notons que les différentes fonctions précédemment inventoriées ne sont pas exercées de manière exclusive. Selon les chiffres fournis par l'organisation des nations unies pour l'alimentation (FAO) et La Banque Mondiale (BM) et une étude réalisée en 2007 sur la compétitivité de la filière volaille (poulet de chair), le Cameroun comptait 10000 petites exploitations familiales semi-intensives et commerciales. Les effectifs de ces exploitations varient de 200 à 500 têtes avec deux bandes par an (**Minepia, 2009**). Quant aux moyennes et grandes exploitations semi-intensives dont les effectifs sont de 2500 ou plus (avec 4 à 5 bandes par an), le nombre d'exploitations était de 349(**Minepia, 2009**).

### 3.2. Système d'élevage de poulet de chair

Deux systèmes d'élevage ont été décrits dans l'arrondissement de Sangmélima au Cameroun (**Apithy et Léa, 2010**).

### 3.2.1.Elevage traditionnel/familial de poulets de chair

Ce système est caractérisé par sa prépondérance sur l'ensemble de la zone, avec des fiables effectifs variant entre un et dix poulets villageois, qui sont aussi appelés « poulets du village ». En un an, une poule fait en moyenne 4 pontes, donnant chaque fois 10 œufs dont la moitié éclora (**Apithy et Léa, 2010**). La valeur marchande d'une poule élevée en divagation est de 1500 FCFA et la valeur brute annuelle par unité femelle s'élève à 15000 FCFA.

### 3.2.2. Elevage industriel de poulets de chair

Comparé à l'élevage  traditionnel, l'élevage industriel de poulet de chair est essentiellement localisé en zone urbaine et ne concerne qu'un nombre limité des producteurs. Il existe dans la zone de Sangmélima deux types d'élevage de poulets de chair (**Apithy et Léa, 2010**): un élevage familial engraissant des bandes mensuelles de 250 poulets, et un élevage industriel à grande échelle, avec des bandes de 1000 poulets par mois. En élevage familial, le producteur reçoit, entre janvier et août et à chaque mois, une bande de poussins âgés d'un jour de race *Vedette* (race Semi-lourde donnant des poulets pesant entre 1,8 kg et 2 kg à 6 Semaines). Toutefois, au mois d'octobre, le producteur démarre une bande de race *Starbro* (race lourde: entre 2 kg et 2,2 kg (6 Semaines) deux fois plus importante pour préparer les ventes de la fin d'année (**Apithy et Léa, 2010**). L'élevage industriel consiste également à l'élevage d'une bande de *Vedettes* chaque mois et ceci tout au long de l'année. La première semaine, l'éclairage est maintenu 24/24 heures, les lampes sont éteintes la nuit pendant les deux semaines suivantes, et enfin l'éclairage artificiel est arrêté après ces trois semaines. Les poulaillers sont également chauffés au pétrole pendant les trois premières semaines de vie des poussins (**Apithy et Léa, 2010**).Pour le bâtiment, il faut qu'il soit correctement ventilé, désinfecté et propre, et éloigné du bruit et de la poussière afin de diminuer le stress et les maladies pulmonaires (**PFC, 2003**).

### 3.3. Principales contraintes nutritionnelles et socio-économiques

### 3.3.1. Contraintes nutritionnelles

L'obstacle biologique de l'utilisation à une grande échelle des sons de céréales réside dans leur taux de cellulose relativement élevé qui limite les possibilités de leur incorporation dans les aliments des volailles, soit seulement à hauteur de 10

% pour les poussins en croissance et 15 % au maximum pour les adultes (**Huart, 2004**). Les sons de céréales (riz et blé) peuvent apporter une valeur énergétique plus faible (3200 Kcal) que celle de maïs (2800-3000 kcal/kgPB), mais avec une teneur en protéines semblable de 12 à 13%(**MAEP, 2014**).    A cause de leurs toxines ainsi que leurs teneurs élevées en eau ou en cellulose brute, certains aliments simples ne doivent pas dépasser une certaine quantité (taux d'incorporation) dans une ration pour une catégorie des poules donnée. Les limites maximales d'incorporation de chaque aliment simple pour chaque catégorie de poule ont été décrites (**CDDR/SAILD, 2010**) comme l'indique le tableau suivant :

**Tableau 1**: Valeurs limites d'incorporation par catégorie des poules

| Aliment simple | Limite d'incorporation (Kg/100 Kg d'aliment) | | |
| --- | --- | --- | --- |
|  | Poussin | Poulet de chair | Poulet pondeuse |
| **Manioc** |  | 15–20 | 15–20 |
| **Tourteau de soja** | 15–25 | 15–20 | 15–20 |
| **Tourteau de coton** | 15–20 | 10–15 | 10–15 |
| **Tourteau de palmiste** |  | 5–10 | 5–10 |

**(Source : CDDR/SAILD, 2010).**

### 3.3.2.Contraintes socio-économiques

De manière générale, quelques contraintes socio-économiques  majeures liées à l'utilisation des sous-produits agro-industriels par les éleveurs ont été décrites.
- Le problème des prix élevés et instables causé surtout par l'effet des monopoles dans la production des différents sous-produits agro-industriels. Les prix augmentent avec la distance par rapport à la source de production ou d'approvisionnement relativement à l'effet du coût de transport (**Deffo et al.,2009**).
- La compétition entre les éleveurs et les provenderies sur l'utilisation des sous-produits agro-industriels (**Deffo et al., 2009**)bien que la plupart des éleveurs (58 %) aient s'orientent plutôt sur le choix des sous-produits agro-industriels par rapport aux résidus de cultures locales Il a été signalé que les provenderies

constituaient les acheteurs privilégiés de produits agro-industriels. De même, le développement récent de la commercialisation des sous-produits agro-industriels dans le sud du pays, couplé à la réduction des importations de poulets congelés par le Ministère camerounais du Commerce, a créé une concurrence dont la balance économique est en faveur des monogastriques et donc des provenderies (**Deffo et al.,2009**).

## 4.Typologie des résidus agricoles et des sous-produits agro-industriels

### 4.1. Résidus agricoles

Dans le langage agricole et particulièrement celui de la recherche, les résidus agricoles désignent les parties fibreuses des céréales, de la canne à sucre, des racines, des tubercules, des fruits secs, etc., (**FAO, 2014**).Ils constituent l'ensemble de ce qui reste des cultures après la récolte de certains produits agricoles lorsque l'homme tire les éléments utiles à la satisfaction de ses besoins vitaux (**Lucien, 1998**). Il s'agit de résidus de cultures vivrières (céréales, tubercules) et industrielles (canne à sucre, coton, arachide).Comme caractère commun, les résidus agricoles possèdent des parties non consommées par l'homme après la récolte mais aussi une faible valeur nutritive pour les animaux en particulier pour les monogastriques (**FAO, 2014**).

### 4.1.1.Résidus de céréales

Les résidus de céréales regroupent essentiellement les tiges et les feuilles (paille) de mil, de maïs, de sorgho et de riz habituellement laissées sur les champs après la récolte. Les résidus des principales cultures céréales dans le monde sont fibreux et de  faible valeur nutritive, de l'ordre de 0,4 à 0,5 UFL/kg de matière sèche (**Akoda,2002**) pour les pailles de céréales à cause de leur teneur élevée en parois lignifiées. L'apport des résidus de céréales dans la ration du porc est de1 à 2 kg de feuillage frais riche en azote pour remplacer 100 g de tourteau de soja (**Archimède et al.,2008**).En ce qui concerne la mélasse, l'apport ne doit pas dépasser 30 à 50 % (**Preston, 1988**) dans la ration du poulet de chair. L'une des conséquences de révolution du secteur de l'élevage dans les pays en voie de développement réside dans leurs importations de céréales alimentaires, lesquels serviront essentiellement à nourrir les porcs et les volailles (**ILRI,2000**).

## 4.1.2. Fanes de légumineuses

Il s'agit des fanes d'arachide constituées de leurs tiges et feuilles. Ces résidus sont assez riches en matières azotées et de valeur énergétique passable ou assez bonne (**Akoda, 2002**). Grâce à leurs qualités alimentaires intéressantes, les fanes de légumineuses comme l'arachide et le niébé sont très riches en azote, apportant ainsi les protéines nécessaires à l'entretien, au développement et à la croissance des animaux(**Devenet, 2016**). Par contre, les pailles de céréales comme le mil et le sorgho sont pauvres en azote et présentent principalement de cellulose.

## 4.1.3.Racines et tubercules

Les racines et les tubercules cultivés dans les cinq zones agro-écologiques du Cameroun sont d'une grande importance puisqu'elles constituent la base de l'alimentation de la majorité de la population camerounaise (**PNDRT,2009**). Par ailleurs, les feuilles de manioc et dans une moindre mesure celles de macabo/taro représentent une source importante de l'équilibre nutritionnel des porcs grâce à leurs apports en vitamines et sels minéraux, tant en milieu rural qu'urbain. Les feuilles de manioc et de macabo/taro présentent environ 0,66 UF et 86 g de MAD/kg de MS (**Ditaroh, 1993**) et une bonne teneur en minéraux (calcium, phosphore) et en vitamines (A, B1, PP, Cl).Cependant leur utilisation peut être limitée par la présence de linamarine ou manihotine (hétéroside cyanogénique). Quant aux épluchures, elles peuvent être utilisées soit fraîches ou séchées. Les épluchures fraîches représentent 22 % du tubercule avec un taux d'humidité de 60 %(**Akoda,2002**).

La contribution du manioc, pour lequel la composition chimique et valeur alimentaire ont été étudiées (**Tableau 2**), dans la production totale des racines et des tubercules représente en moyenne 50%. Ensuite par ordre d'importance le macabo/taro (25%), l'igname (16%), la patate douce (5%), et la pomme de terre (4%) (**PNDRT,2009**).La valeur nutritionnelle des tubercules est assez constante quelle que soit l'espèce. Elles sont riches en amidon, par contre pauvres en protéines, en fibres et en minéraux. Ce sont donc des aliments énergétiques qui peuvent remplacer les céréales dans les rations lorsqu'ils sont distribués sec, en veillant cependant à équilibrer les régimes en protéines (**FAO,2013**).

**Tableau 2**: Composition chimique et valeur alimentaire du manioc

| Catégorie | Matière sèche (% MF) | Protéines brutes (% MS) | Cellulose brute (% MS) | Matières grasses (% MS) | Ca (% MS) | P (% MS) |
|---|---|---|---|---|---|---|
| **Tubercules frais** | 39,9 | 2,9 | 2,8 | 0,8 | 0,14 | 0,12 |
| **Tubercules pelés** | 30,8 | 2,1 | 1,5 | 0,7 | 0,1 | 0,04 |
| **Epluchures** | 27,3 | 5,2 | 13,3 | 1,2 | 0,34 | 0,13 |
| **Tubercules cuits** | 31,5 | 2,9 | 1,3 | 0,3 | | |
| **Tubercules secs, Cossettes** | 88,9 | 2 | 3 | 0,7 | 0,14 | 0,12 |
| **Drèches** | 6,4 | 1,9 | 13,6 | 0,6 | 0,34 | 0,02 |

**(Source : Bindelle et Buldgen, 2004)**

## 4.2. Sous-produits agro-industriels

### 4.2.1. Tourteaux

Ce sont les produits des huileries constitués par les résidus solides obtenus après extraction de l'huile des graines ou des fruits oléagineux riches en corps gras. Ce sont les coproduits de la trituration, c'est-à-dire l'industrie de fabrication de l'huile. La disponibilité en tourteaux suit globalement la même tendance que celle des graines de coton (**FAO, 2014**).

### 4.2.1.1. Tourteaux de coton

Au Cameroun, le tourteau de coton (**Photo 1**) se produit en quantités importantes, de l'ordre de 3500 tonnes annuellement dans l'huilerie de Kaélé au Nord du Cameroun.Il s'agit de tourteaux « *expeller* », produits suite à une pression continue à sec, qui représente le seul tourteau à haute teneur protéique (35 – 45 % de MS) avec un prix abordable et fournit localement en quantités suffisantes pour satisfaire les besoins.

**Photo 1:** Tourteau de coton

Le tourteau de coton est couramment utilisé en Afrique mais sa teneur en acides aminés soufrés (méthionine et cystine) (0,7%) est un peu supérieure à celle du soja, tandis que sa teneur en lysine (1,7%) est plus faible. Il peut contenir une toxine dénommée Gossypol nuisible en alimentation des volailles (ralentissement de croissance, décoloration des jaunes d'œufs)(**Huart,2004**).Le tourteau de coton (*Gossipilln barbadens*)est riche en matières azotées (20,5 à 56,4 % de MS) et pauvre en matières grasses seulement 2,3 à 20 % de MS. Il présente un déséquilibre protéique avec une déficience en lysine et acides en aminés soufrés. En effet, les tourteaux de palmiste, de cacao, d'arachide et de coton sont disponibles sur le marché camerounais, mais les quantités produites annuellement et les prix départ et rendu à Yaoundé varient selon les zones de production (**Tableau 3**).

**Tableau 3**: Tourteaux des produits disponibles au Cameroun

| Produit | Quantité produite (1000kg/an) | Lieu de production | Prix départ (FCFA) | Prix rendu à Yaoundé (FCFA) |
|---|---|---|---|---|
| Tourteau de palmiste | 3500 | Douala | 20 | 23 |
| Tourteau de Cacao | 4 000 | Douala | 5 | 8 |
| Tourteau de Arachide | 300 | Bertoua | | |
| | | Garoua | 14,50 | 26,50 |
| Tourteau de Coton | 3500 | Kaélé | 12,75 | 24,75 |

**(Source : ORSTOM, 1986)**

## 4.2.1.2. Tourteaux de soja

Le tourteau de soja (**Photo 2**) est le plus utilisé dans les rations des volailles, souvent nommé le « prince » des tourteaux grâce à sa richesse en protéines et l'équilibre de ses acides aminés. En effet, ses protéines sont très digestibles et conviennent aux besoins de croissance des oiseaux, quoiqu'elles soient déficitaires en acides aminés soufrés. Cependant, le tourteau de soja présente des substances antitrypsiques qui constituent ainsi le facteur limitant.**Sagna (2010)** montré qu'une cuisson du tourteau de soja correcte élimine plus de 90 % de l'activité antitrypsique. Grâce à sa richesse en protéine de bonne qualité, le tourteau de soja est quasiment incontournable en fabrication d'aliments des volailles. Il constitue la première source de lysine en aliment du bétail. Tant qu'un sous-produit de la fabrication de l'huile de soja, il est également plus ou moins riche en matières grasses (2,2%) selon les procédés d'extraction utilisés. Notons que le tourteau de soja doit subir avant son utilisation en alimentation des animaux un traitement thermique destiné à détruire certains facteurs antinutritionnels(facteurs antitrypsiques) qu'il présente naturellement en proportions élevées(**Huart, 2004**).

**Photo 2:** Tourteau de soja

## 4.2.1.3. Tourteaux d'arachide

Issus des huileries, les tourteaux d'arachide (**Photo 3**) sont des sous-produits extraits par des solvants organiques comme l'hexane et pauvres en matières grasses, par contre, ils sont de véritables sources de protéines. Les tourteaux d'arachide et de coton sont les plus disponibles, malgré leurs facteurs antinutritionnels tels que l'aflatoxine caractéristique des tourteaux d'arachide. La valeur du tourteau d'arachide dépend principalement du processus technologique employé : degré de décorticage et méthode d'extraction d'huile (pression ou solvant). Une diversité des procédés de production des tourteaux d'arachide a été décrite dès l'extraction artisanale sur une presse manuelle vers des industries d'extraction gigantesques qui produisent un tourteau plus stable et plus homogène en composition mais beaucoup moins riche en énergie(**Huart,2004**).

**Photo 3**: Tourteau d'arachide

### 4.2.1.4.Tourteaux de palmistes

Le tourteau de palmiste (**Photo 4**), dont la production en 2001est estimée à 18000 tonnes au Cameroun, est l'un des sous-produits dérivés de l'extraction de l'huile de palmiste. Malgré sa disponibilité et son coût relativement moins élevé (50 à 60 FCFA/kg), le tourteau de palmiste n'a pas connu jusqu'à présent une valorisation satisfaisante dans l'alimentation des monogastriques. Ceci est dû sa teneur élevée en cellulose (13 à 16%) et son état graveleux et moins appétissant. L'étude sur la digestibilité du tourteau de palmiste (**PIGTROP, CIRAD, 2015**) a révélé une faible valeur en protéines brutes (10,1%), par contre une valeur élevée en cellulose brute (28,8%) a été observée. Le tourteau de palmiste disponible en Afrique centrale présente15 % des matières azotées digestibles et 28 % de fibres (**Huart, 2004**).

**Photo 4:** tourteau de palmiste

## 4.2.2. Drêches

Les drêches ne sont pas des tourteaux proprement dit, mais des résidus solides issus du brassage des grains de céréales germés et séchés (malt) pour la fabrication de la bière et d'autres produits (**Heuzé,2016**). Elles présentent un taux élevé de cellulose (164g/kg de MS). En raison de la faible digestibilité de la cellulose brute (< 50 %) des drêches de brasserie chez les porcs, cet aliment peut être considéré comme un fourrage «marginal». Pour les truies gestantes de faible niveau de performance et pour les porcs à l'engrais de plus de 60 kg de poids vif, les drêches peuvent être utilisées avec des quantités de 1à 3 kg par animal et par jour(**Boessinger et al.,2015**).Ainsi les drêches de brasserie sont un coproduit très variable dont la composition et la valeur nutritionnelle dépendent des graines des céréales utilisées, du procédé industriel et du mode de conservation(**Heuzé,2016**).À l'état humide, au sortir de la brasserie, la drêche constitue un aliment volumineux, peu énergétique. Elle ne fait pas partie de façon courante des aliments commerciaux pour volaille. Cependant on a établi que sèche, elle donne d'excellents résultats pour les poulets jusqu'à 20 % de la ration(**Huart,2004**).

## 4.2.3. Sons des céréales locales

Les sons des céréales locales sont couramment utilisés en aviculture grâce à leur coût faible et leur importance dans la régulation du transit digestif en plus d'un apport énergétique. Ils empêchent les perturbations à l'origine de diarrhées et de la constipation. Par exemple, les farines basses de riz présentent l'avantage d'avoir une valeur élevée en minéraux, en oligo-éléments et en énergie(**Sagna,2010**).

## 4.2.3.1. Son de mais

Issu de la production de maïs, il est considéré comme un sous-produit de la meunerie (**Photo 5**).Le terme « son » désigne un mélange farineux d'enveloppes, d'albumen amylacé et de germe embryonnaire.

**Photo 5:** Son de mais

Le son de mais est un mélange de son vrai et de fraction de germe. Son énergie métabolisable est de3115kcal/ kg de MS. Il est également riche en protéines et en matières grasses, il présente en moyenne 11 % MG, 10 % MAT et 6 % CB **(Ngom, 2004)**.Le son de maïs provenant des moulins industriels ne semble pas être de bonne qualité pour l'alimentation des volailles à cause de sa richesse en cellulose brute (17,5 % MS) et sa faible teneur en énergie (1275 kcal/kg de MS) et en protéines **(Ngom,2004)**. La production du maïs au Cameroun est surtout concentrée dans les régions de l'Ouest, du Nord-Ouest, de l'Adamaoua et du Nord. Cette culture se pratique à 95% selon le système de culture paysanne manuelle, et souvent associée à d'autres cultures (comme le manioc, le macabo, la banane plantain,…). La production moderne et mécanisée de maïs est assurée par une unité industrielle «Maiscam» qui dispose dans la zone d'Adamaoua d'une minoterie (maïserie) intégrée à des vastes plantations productives qui fournissent à l'unité plus de 12 000 tonnes de maïs par an **(CTA, 2016)**.Pratiquement toutes les zones agro-écologiques du Cameroun sont favorables à la culture et produisent du maïs. Les huit Régions concernés présentent des superficies et une production (1999/2000) en tonne respectivement de: Extrême-Nord(23039 ha et 50192 t); Est(24491 ha et 24443 t )Centre (29281ha et 56163t); Sud(7848ha et14267t); Ouest(32738 ha et76298 t); Nord-Ouest(60188 ha et 79 290 t); Sud-Ouest (7848 ha et14267 t) ; et Littoral (19888ha et 42 416t) **(République du CAMEROUN,2004)**.

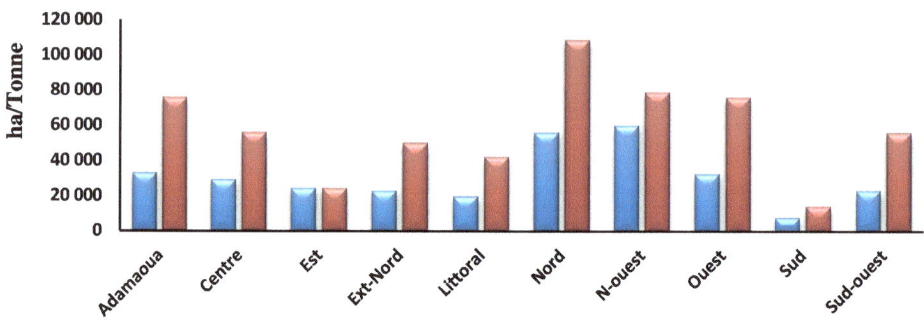


**Figure 1:** Superficie et production de maïs par région au Cameroun en 1999/2000 (RC, 2004)

### 4.2.3.2.Son de blé

C'est un sous-produit de la transformation du blé en farine. Le son de blé (**Photo 6**) est très appété par les animaux d'élevage, bien qu'il soit pauvre en amidon et par conséquent il présente une faible valeur énergétique (2800-3000 kcal/kg). En revanche, c'est un aliment riche en cellulose brute (14,3%), en protéines (2-13%) et en phosphore (1,44%) (**CTA, 2016**).Le son de blé est auparavant produit par la Société Camerounaise de Minoterie qui fait partie du groupe de la Société d'Organisation, de Management et de Développement des Industries Alimentaires et Agricoles (SOMDIAA) qui contrôle de nombreuses minoteries et industries agro-alimentaires en Afrique francophone (**Boutrais, 1982**).Le son de blé est constitué de particules fines de pellicules de grains séparés au moment de la production de la farine panifiable, en plus des particules de germes de blé. C'est un produit volumineux riche en phosphore, en vitamines du complexe B et en manganèse et plus riche en protéines que le blé entier. Cependant, sa teneur élevée en cellulose limite ses possibilités d'incorporation dans les aliments des volailles à hauteur de 10 % pour des oiseaux en croissance et 15 % au maximum pour les adultes. Dans les pays les plus démunis en matières premières, ces valeurs limites d'incorporation du son de blé peuvent atteindrerespectivement15 % et 20 % (**Huart, 2004**).Plusieurs sous-produits agro-industriels utilisables pour l'alimentation des porcs et poulets de chair étaient produits par les sociétés Maïs CAM(mais du Cameroun)) et SMNC (société camerounaise de minoterie du Centre). Une quantité de 8200 t de sous-produits est produite annuellement par les deux agro-industries et que les éleveurs n'utilisent que 16 %environ de cette production. En effet,  parmi les quatre sous-produits issus de ces agro-industries, les éleveurs n'achètent que le son et le tourteau de maïs et en faibles quantités (37 % environ). À côté de ces denrées produites dans l'Adamaoua, il a été observé que le tourteau de coton, bien que produit hors de la Région de l'Adamaoua, était utilisé par la plupart des éleveurs.

**Photo 6:** Son de blé

### 4.2.3.3.Son de riz

Le son de riz (**Photo** 7) provient du tamisage ou vannage des résidus de décorticage du riz qui sont ainsi débarrassés des balles. On lui donne encore le nom de farine basse de riz«paddy». Il renferme des brisures de grain et de la balle. Le son de riz pourrait substituer une bonne partie du maïs dans les aliments de volaille à cause de sa teneur élevée en matières grasses (13,5à18%MS) et en protéines (12,5%MS) (**Ngom, 2004**).La teneur relativement élevée du son de riz en matières minérales est liée à la présence de silice, qui est un élément peu intéressant en alimentation animale. De même, la faible teneur en MAT rend ne favorise pas l'utilisation du son de riz dans l'alimentation des monogastriques, contrairement aux sons de maïs et de sorgho(**Mopatéet al., 2011**).C'est le sous-produit du polissage du riz, disponible pratiquement dans tous les pays chauds. Il est essentiellement constitué du péricarpe du grain de riz. La balle préalablement enlevée et très riche en cellulose (40 à42 %) et en silice, n'est pas utilisable en alimentation des volailles. Elle peut cependant entrer en faible proportion dans le son de riz industriel, et en plus grande proportion dans le son de riz issu de petites décortiqueries. Le son de riz contient également de petites quantités de germes améliorant sa teneur en matière grasse hautement oxydable. L'oxydation est d'autant plus rapide que le produit est stocké en conditions chaudes et humides. Ce phénomène d'oxydation peut par contreêtre ralenti par l'ajout des antioxy-dantsau son et leur mélange intimement. Par ailleurs le son de riz est produit équilibré en protéines, riche en minéraux (phosphore) et en vitamines B1, PP et E. Il représenteune source d'énergie métabolisable de bon choix sur le marché. Le son de riz peut être incorporé jusqu'à 10-15 % des formules Selon les âges des oiseaux(**Huart et al., 2004**).

**Photo 7**: Son de riz

# MATERIELS ET METHODES

## 1.Choix de la zone d'étude

La présente étude a porté sur une zone de superficie égale à 80 km², qui s'étend de 15 km au Nord de Sangmélima jusqu'à 4 km au Sud, englobant les pourtours de la ville et offrant ainsi une grande diversité de paysages agricoles (**Carte 1**).

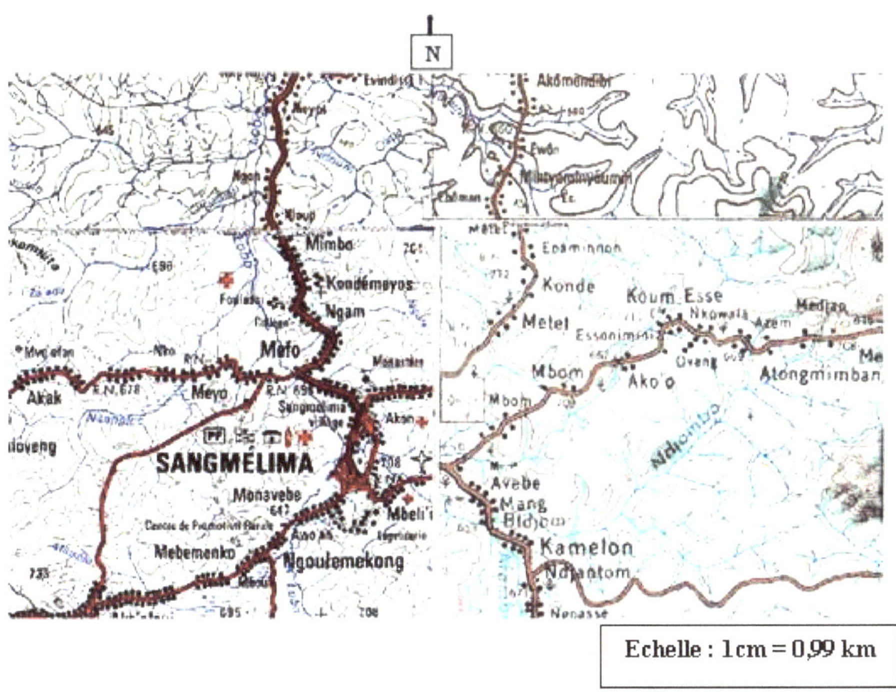


**CARTE 1**: CARTE GEOGRAPHIQUE DE L'ARRONDISSEMENT DE SANGMELIMA

(APITHY ET LEA, 2010)

Le choix de la zone d'étude reflète la représentativité de la diversité de ces systèmes d'élevage (porcin/avicole) dans l'arrondissement de Sangmélima. En effet, à travers la mise en œuvre dans la zone des programmes de développement agropastoraux notamment le programme ACEFA (Amélioration de la Compétitivité des Exploitations Familiales Agropastorales), 68 % des projets ont été financés en élevage dans le département du Dja et Lobo parmi un total de 40 projets financés dans l'arrondissement de Sangmélima pour un bilan en nature d'investissement de projets de 10 poulaillers et 17 porcheries.

## 2.Matières premières ou ingrédients utilisées

Les matières premières utilisées sont constituées des sous-produits agro-industriels suivants: -Son de blé (13%),
- Tourteaux de soja (44%),
- Tourteaux de coton (32%),
- Tourteaux d'arachide (40%),
-Drêches (27%).
Notant que ces ingrédients (échantillon composite) ont été collectés auprès d'une provenderie qui représente leur principal lieu d'approvisionnement.

## 3. Méthodologie

Suite à une analyse bibliographique approfondie, la collecte des données s'est déroulée en deux étapes : une pré-enquête ensuite l'échantillonnage. Enfin, une analyse bromatologique des sous-produits agro-industriels utilisés a été réalisée.

## 3.1. La pré-enquête

Elle a duré une semaine et a consisté, dans un premier temps, à une visite sur le terrain. Cette visite nous a permis de découvrir les différents types de résidus des cultures et des sous-produits agro-industriels, les différents sites ou points de vente (emplacement des vendeurs) actifs ou inactifs (fonctionnels ou non fonctionnels) pendant notre visite ainsi que les moyens de transports utilisés.

## 3.1.1. Les questionnaires

Dans le cadre de cette étude, deux questionnaires ont été élaborés pendant la pré-enquête : le premier au niveau des éleveurs des porcs et des volailles, et le second, au niveau de la provenderie principale. Les informations recherchées dans ces questionnaires portent sur plusieurs aspects: identification d'élevage, sources d'approvisionnement des sous-produits agroindustriels et des résidus agricoles, commercialisation, stockage, éventuels problèmes rencontrés, quantités de sous-produits utilisés et poids à la sortie des sujets (**Annexe1 et 2**). Les questionnaires réservés pour les éleveurs portent en plus, sur le mode d'alimentation et l'objectif de l'élevage. Il est important de préciser que les questionnaires ont été testés par des essais pendant une journée au niveau des différents acteurs et quelques améliorations ont été apportées.

### 3.1.2. L'échantillonnage

L'échantillonnage a été basé sur 2 systèmes d'élevage (porcin et avicole), et ceci à travers le choix de 10 exploitants par système d'élevage afin de pouvoir effectuer une analyse en accédant au fichier de base de données des exploitants du programme ACEFA.

### 3.2. Enquête socioéconomique

### 3.2.1. Au niveau des éleveurs

Une enquête a été exécutée pendant 10 jours chez un total de 20 éleveurs (10 élevages de porcs et 10 élevages de poulets de chair).

### 3.2.2. Au niveau des provendiers

Au total, une provenderie et 2 dépôts d'aliments ont été concernés par une enquête pendant10 jours. Les acteurs ont été rencontrés aléatoirement sur leurs lieux d'activités sans aucun rendez-vous préalable. Quant aux fournisseurs, ils sont quelques fois interceptés au moment de la livraison des produits. La taille de l'échantillon tient en considération la rareté des provenderies, contrairement aux dépôts d'aliments qui sont plus nombreux.

### 3.3. Analyses bromatologiques

Les analyses bromatologiques ont été effectuées au Laboratoire de Nutrition Animale du Département Productions Animales de la **Faculté d'Agronomie et des Sciences Agricoles de l'Université de Dschang**. Les analyses ont porté sur la détermination de la matière sèche, matière organique, la cellulose brute, les protéines brutes et les lipides des échantillons concernés (tourteau de soja, tourteau de coton, tourteau d'arachide, son de blé et drêche).

### 3.3.1.Matière sèche

La matière sèche (MS) a été déterminée selon la méthode décrite par **l'AOAC** (Association of Official Analytical Chemists, 2000). Des creusets en porcelaine, préalablement séchés en double à 103°C pendant une nuit dans une étuve MEMMERT, ont été refroidis dans un dessiccateur et pesés (pc), puis des quantités (po) de fourrages secs des échantillons ont été introduites dans les creusets. Ces derniers ont été gardés par la suite pendant une nuit à l'étuve à 103°C.A la sortie de l'étuve, chaque creuset est refroidi dans un dessiccateur et pesé (pf) de nouveau. Le taux de la matière sèche a été par la suite calculé à l'aide de la formule suivante :

$$\textbf{MS} = \textbf{((pf} - \textbf{pc)/po)} \times \textbf{100}$$
Avec pf : poids final du creuset à la sortie de l'étuve,
pc : poids du creuset vide et po : poids de l'échantillon.

### 3.3.2. Cendres et matière organique

La teneur de cendres a été déterminée, selon la méthode de l'AOAC (2000), par incinération des échantillons de fourrages secs dans un four à moufle pendant 6 heures. Après la détermination du taux de la matière sèche du fourrage, les creusets et les échantillons précédents ont été placés dans un four à moufle HERAEUS à 500°C pendant 6 heures. Les creusets contenant les cendres de couleur blanche ont été ensuite refroidis dans un dessiccateur et pesés de nouveau (pf). La teneur en cendres (pourcentage de cendre par rapport à la matière sèche) a été déterminée à l'aide de la formule suivante :

$$\textbf{\% Cendres} = \textbf{((pf} - \textbf{pc)/po)} \times \textbf{100}$$
Avec pf : poids (g) du creuset à la sortie du four,
pc: poids (g) du creuset vide et po : poids de l'échantillon (g).

La matière organique (MO) a été déterminée par soustraction des cendres à la matière sèche (MS) comme suit:
$$\textbf{\% MO} = \textbf{100} - \textbf{C, avec C: cendres (\%MS).}$$

### 3.3.3. Cellulose brute (Méthode de Sheerer)

La cellulose brute a été déterminée par la méthode de Kurscher modifiée. Après avoir préparé le réactif de Sheerer à partir de 14g d'acide trichloracétique et dissout dans 350 ml d'acide acétique glacial dans lequel 150 ml d'eau distillée et 34 ml d'acide nitrique concentré ont été ajoutés, 1g d'échantillon (po) a été introduit dans un Erlenmeyer de 250 ml. Ensuite, un volume de 50 ml de la solution de Sheerer a été ajouté et gardé à ébullition durant 30 mn sous un réfrigérant à reflux placé dans le col de l'Erlenmeyer pour éviter l'évaporation de l'acide. La filtration était faite sous vide dans les creusets filtrants. Une fois la filtration terminée, la cellulose a été lavée avec de l'alcool et de l'éther de pétrole (quelques gouttes) pour éliminer les acides. Après filtration, les creusets étaient portés à l'étuve pendant 24 h à 100°C puis pesés ($p_1$) après refroidissement. Les creusets ont été placés par la suite dans un four à moufle à 450°C durant 3 h pour incinération de la cellulose. A leur sortie du four et après refroidissement, les creusets ont été pesés de nouveau ($p_2$) et la teneur en cellulose brute par rapport à la matière sèche a été calculée à partir de la formule suivante :

$$\% \, \text{Cellulose} = ((p1 - p2)/po) \times 100$$

Avec $p_1$: poids (g) du creuset refroidi à la sortie de l'étuve,

$p_2$: poids (g) du creuset refroidi à la sortie du four et po: poids (g) de l'échantillon.

### 3.3.4. Dosage des protéines brutes

La teneur en azote a été déterminée par la méthode de Kjeldhal (**AOAC, 2000**) qui consiste successivement à la minéralisation, la distillation et la filtration. La teneur en protéines brutes a été calculée en multipliant la teneur en azote total de l'échantillon par le coefficient 6,25.

### 3.3.4.1.Principe

Le dosage des protéines brutes est basé sur la transformation de l'azote organique en azote ammoniacal par minéralisation avec l'acide sulfurique concentré. L'acide sulfurique concentré détruit les protéines contenues dans la matière organique par oxydation et fixe le groupement amine de la protéine, la réaction est la suivante:

$$\text{MO} + H_2SO_4 \xrightarrow{\text{Catalyseur}} (NH_4)_2SO_4 + R\text{-}CH_2\text{-}COOH$$
**(Matière organique)(Sulfate d'ammonium :vert clair)**

En présence de la soude à 40 %, le sulfate d'ammonium $(NH_4)_2SO_4$ donne l'hydroxyde d'ammonium ($NH_4OH$), selon la réaction suivante :

$$(NH_4)_2SO_4 + 2NaOH \longrightarrow Na_2SO_4 + 2NH_4OH \text{ (Hydroxide}$$
$$\text{ammonium)}$$

Par distillation, l'hydroxyde d'ammonium se dissocie et se vaporise, il est ensuite liquéfié dans le réfrigérant comme suit :

$$NH_4OH \longrightarrow NH_3 + H_2O$$

L'ammoniac ainsi libéré est recueilli dans l'acide borique (40%) puis dosé par titrimétrie acide base selon les réactions suivantes:

$$NH_3 + H_3BO_3 + H_2O \longrightarrow NH_4H_2BO_4 \text{ (Borate de couleur verte)}$$
**(Rose)**

$$NH_4H_2BO_4 + XH \longrightarrow H_3BO_3 + NH_4X \text{ (couleur rose)}$$
**(vert)      (acide)**

### 3.3.4.2. Mode opératoire

Des quantités du fourrage de l'échantillon (0,5g) et du catalyseur (0,2 g de sélénium) ont été mélangées et enroulées dans du papier Whatman grade 1. L'ensemble a été introduit dans un ballon de minéralisation (en pyrex) avec 10 ml d'acide sulfurique concentré, et porté à haute température sur une rampe de minéralisation placée sous une hotte ventilée. Après 3 h de minéralisation, une solution de coloration verte claire traduisant la conversion de l'azote organique en sulfate d'ammonium a été obtenue.Le ballon a été refroidi sous hotte et son contenu a été transvasé dans une fiole jaugée de 100 ml, puis le volume a été ajusté au trait de jauge avec de l'eau distillée. Un volume de 10 ml de la solution minéralisée a été prélevé et introduit dans le tube de distillation. L'ensemble a ensuite été monté sur le distillateur Kjeldhal et un volume de 20 ml de NaOH (40%) a été ajouté. L'extrémité du réfrigérant du distillateur a été immergée dans 20 ml du mélange d'acide borique (40%) et d'indicateurs colorés (vert de bromocresol et rouge de méthyle) contenus dans un erlenmeyer de 250 ml. Pendant la distillation, l'hydroxyde d'ammonium se dissocie, se vaporise, ensuite une fois liquéfié dans le réfrigérant, il a été récupéré dans l'acide borique qui vire du rouge au vert. A la fin de la distillation, 150 ml de distillat ont été récupérés en présence d'HCl (0,01N).La teneur en azote (N) a ensuite été calculée selon la formule suivante:

$$N(\%MS) = ((V - V_o) \times 100 \times 0{,}14 \times 10^3)\,/m \times V_e) \times 100$$

Avec V: volume d'HCl utilisé pour la titration de l'échantillon; $V_o$ : volume d'HCl utilisé pour la titration du blanc; $V_e$ : volume du minéralisât utilisé pour la distillation et m : poids de l'échantillon minéralisé. Sachant que:1 litre d'HCl (N) neutralise 14 g d'azote;1 ml d'HCl (N) neutralise $14 \times 10^{-3}$g d'azote;1 ml d'HCl (0,01N) neutralise $14 \times 10^{-3} \times 10^{-2}$g d'azote. La teneur en protéines brutes (PB) a été obtenue en multipliant la teneur d'azote par le coefficient 6,25.

### 3.3.5. Détermination des lipides

### 3.3.5.1.Principe

La teneur en lipides est déterminée par la méthode de Soxhlet (**AOAC, 2000**) basée sur la solubilisation des lipides dans les solvants organiques apolaires (éther de pétrole …).

### 3.3.5.2. Protocol

Dans un volume d'extracteur de Soxhlet (100 ml), on a introduit une cartouche cellulosique contenant 1 g d'échantillon ($m_o$) préalablement emballé dans du papier Whatman grade 1. L'ensemble a été ensuite fixé sur un réfrigérant monté sur un ballon (250 ml) dont le poids est déterminé ($p_o$). L'éther de pétrole (200 ml environ) a été introduit dans un ballon et l'ensemble été chauffé pendant 6 h au minimum. A la fin de l'extraction et après évaporation du solvant, le ballon a été placé dans une étuve de marque MEMMERT à 100°C pendant une nuit. A la sortie, il a été refroidi dans un dessiccateur et pesé (pf).La teneur en lipides de l'échantillon a été déterminée selon l'équation suivante:

$$\textbf{Lipides (\%MS)} = ((\textbf{p}_f - \textbf{p}_o)/\textbf{m}_o) \times \textbf{100}$$

Avec $p_o$: poids du creuset vide; pf: poids du creuset après séchage et $m_o$: masse de l'échantillon.

## 3.4. Pesée des animaux

### 3.4.1. Poulet de chair

La pesée des sujets s'est faite au hasard à la fin du cycle de production (45 ou 60j d'âge).Un total de 25 poulets par ferme a été concerné par les pesées. L'exercice a lieu les matins avant la distribution de l'aliment afin de réduire le stress des poulets. Les données brutes ont permis de déterminer la valeur moyenne du poids ainsi que celle du GMQ.

### 3.4.2.Porc

Il est important de souligner que la détermination précise du poids des porcs est parfois rendue difficile dans quelques élevages porcins à cause de l'absence de bascule. Pour cela, la fiabilité de la simple mesure du tour de poitrine du porc (barymétrie) a été actualisée et validée comme outil d'estimation du poids à l'entrée ainsi qu'à la sortie d'engraissement. Du fait des effectifs réduits, un échantillon de 6 sujets a été étudié par ferme afin de déterminer la valeur moyenne du poids ainsi que celle du GMQ.

### 3.5.Indice de consommation(IC)

Pour l'élevage de poulet de chair, les aliments, comme l'eau, ont été distribués *ad-libitum*. La détermination des quantités d'aliment consommées s'est effectuée le jour de l'abattage (45 ou 60$^{\text{ème}}$ jour d'âge). Ainsi, pour chaque lot étudié, la quantité moyenne des aliments consommés a été calculée .En plus, l'indice de consommation a été estimé chez 25 poulets de chaque lot selon le cycle de production (45 ou 60$^{\text{ème}}$ jour d'âge) selon la formule :

**IC = Quantité d'aliment consommé (kg) / Poids vif total produit (kg)**

Les données brutes ont permis de déterminer la valeur moyenne de l'IC (**Annexe6**). La même méthodologie a été utilisée pour les porcs avec un échantillon réduit de 6 porcs par ferme (**Annexe8**).

### 3.6.Energie digestible et protéines brutes selon le poids vif dans les fermes porcines

La méthodologie de détermination de l'énergie digestible et des protéines brutes en fonction du poids vif consiste, dans une première étape, à déterminer la quantité de MS de chaque sous-produit agroindustriel par ferme. La somme des apports en MS de chaque sous-produit par ferme est multipliée par la teneur l'ED pour obtenir l'énergie digestible et des protéines brutes en fonction du poids vif (donnée obtenue à partir du **Tableau 10**).

## 3.7. Traitement de données et analyse statistique

Les données brutes (poids vif à la sortie, quantités de sous-produits utilisés, durée de l'élevage) ont servi pour le calcul de quelques paramètres zootechniques (Poids vif moyen, Gain Moyen Quotidien, Indice de Consommation), et ceci à l'aide du tableur Excel et du logiciel SPSS avec des effectifs égaux à 25 et 6 animaux, respectivement pour le poulet de chair et le porc.

Les données préliminaires ont été saisies sur le tableur Excel et l'analyse statistique des paramètres étudiés a été assurée par le logiciel SPSS.Des tests de comparaison sur échantillon unique des valeurs moyennes (GMQ, IC) ont été réalisés (**Annexes 5, 6, 7 et 8**).

# RESULTATS ET DISCUSSION

## 1.Résultats

## 1.1.Composition chimique et valeur énergétique des sous-produits agro-industriels

Le **Tableau 4** présente la composition chimique des sous-produits agro-industriels (échantillon composite) utilisés en alimentation des poulets de chair et des porcs à Sangmélima.

**Tableau 4**: Valeurs nutritives des sous-agro-industriels étudiés

| Echantillons | MS (%) | Cendres (% de MS) | Matière Organique (% de MS) | Protéines brutes (% de MS) | Lipides (% de MS) | Fibres brutes (% de MS) |
|---|---|---|---|---|---|---|
| Tourteau d'arachide | 93,16 | 11,63 | 88,36 | 40,14 | 8,9 | 11,21 |
| Tourteau de coton | 93,74 | 8,75 | 91,24 | 32,71 | 16,18 | 12,98 |
| Tourteau de soja | 94,32 | 5,81 | 94,18 | 44,39 | 6,22 | 9,16 |
| Son de blé | 92,73 | 10,16 | 89,83 | 13,24 | 3,75 | 16,52 |
| Drêche de brasserie | 94,65 | 3,56 | 96,43 | 26,64 | 3,13 | 12,40 |

La teneur la plus élevée en protéines brutes a été obtenue avec le tourteau de soja, suivi du tourteau d'arachide, et en dernière ordre d'importance, le son de blé avec la teneur la plus faible. Ce dernier a cependant présenté la teneur en cellulose la plus élevée (16,52%) par contre, les teneurs en fibre du tourteau de coton et de la drêche sont comparables (respectivement 12,98et 12,40% de MS).La matière sèche a montré une faible variation avec la valeur la plus élevée (94,65%) a été obtenue pour la drêche et celle la plus faible (92,73%) pour le son de blé. Le tourteau d'arachide s'est révélé plus riche en cendre (11,63%de MS) suivi du son de blé (10,16 % de MS) et finalement, la drêche avec la valeur la plus faible (3,56%de MS).En ce qui concerne la matière organique, la teneur la plus élevée est observée avec la drêche et celle la plus faible avec le tourteau d'arachide. Le tourteau de coton a montré la teneur des lipides la plus élevée (16,18% de MS), alors que la drêche a la valeur la plus faible (**Tableau 4**).

**Le tableau 5** présente les valeurs énergétiques des sous-produits agro-industriels étudiés. Il en ressort que la teneur énergétique la plus élevée en EM est celle du tourteau de coton (3321,7 kcal/kg de MS), suivi par le tourteau de soja(3239,2 kcal/kg de MS), le tourteau d'arachide (2965,6 kcal/kg de MS), drêche de brasserie (2875,7 kcal/kg de MS) et en dernier rang se positionne le son de blé avec la valeur la plus faible (2274,8 kcal/kg de MS).

Le son de blé a toutefois la plus valeur la plus élevée en extractif non azoté (49,03 % de MS) comparativement aux 4 autres sous-produits. Il est important de noter que le tourteau de coton possède les valeurs les plus importantes en EB et ED, respectivement 5193,1 kcal/kg de MS et 3496,6 kcal/kg de MS. Les teneurs les plus faibles en EB et EM ont été observées avec le son de blé (respectivement, 4225,2 kcal/kg de MS et 2394,5 kcal/kg de MS) et la drêche de brasserie (respectivement, 4646,4 et 3027,1 kcal/kg de MS)

**Tableau 5**: Valeurs énergétiques des sous-produits agro-industriels étudiés

| Echantillons | ENA (% MS) | EB (kcal/kg MS) | EDPORC (kcal/kg MS) | EM (kcal/kg MS) |
|---|---|---|---|---|
| Tourteau d'Arachide | 21,26 | 4776,6 | 3121,7 | 2965,6 |
| Tourteau de Coton | 23,11 | 5193,1 | 3496,6 | 3321,7 |
| Tourteau de Soja | 28,72 | 4939,4 | 3409,7 | 3239,2 |
| Son de Blé | 49,03 | 4225,2 | 2394,5 | 2274,8 |
| Drêche de brasserie | 48,9 | 4646,4 | 3027,1 | 2875,7 |

## 1.2. Taux d'inclusion et coût des principaux sous-produits agro-industriels

Les résultats de l'enquête ont fait ressortir 4 types de sous-produits agro-industriels les plus utilisés dans l'arrondissement de Sangmélima en tenant compte de la disponibilité et la fréquence d'utilisation. En effet dans chaque ferme d'élevage visité, le tourteau de soja, le tourteau d'arachide, le tourteau de coton et le son de blé sont valorisés dans l'alimentation des animaux de manière récurrente et avec différentes proportions. L'incorporation de la drêche dans les régimes alimentaires du porc a été également rencontrée. Les sous-produits sont mélangés avec certaines matières premières telles que le maïs ou le manioc. Le mélange le plus fréquent comprend le tourteau de soja, le tourteau d'arachide et le son de blé. D'autres mélanges ont été observés, surtout celui incluant le tourteau de soja, le tourteau d'arachide, le tourteau de coton et le son de blé. En général, le mélange dessous produits agro-industriels tient compte leurs prix et disponibilités. L'aliment est vendu soit en sacs de 50kg avec une valeur de 15 000 FCFA par unité, soit également en détail avec une variété de prix. Par exemple, pour un éleveur qui se propose de fabriquer l'aliment chair finition (poulet de chair) en utilisant la formule chair-finition avec le concentré 5%, la composition alimentaire est décrite dans le **Tableau 6**.

**Tableau 6**: Formulation chair-finition avec le concentré 5% en fonction des quantités et des prix (poulet de chair)

| Aliments simples | Quantité pour 100 Kg d'aliment (Q en Kg) | Prix du Kg (PU en FCFA) | Q × PU Prix total (en FCFA) |
|---|---|---|---|
| **Maïs** | 55 | 105 | 5775 |
| **Remoulage** | 10 | 50 | 500 |
| **Tourteau de soja** | 13 | 360 | 4680 |
| **Tourteau de coton** | 10 | 240 | 2400 |
| **Tourteau de palmiste** | 5 | 50 | 250 |
| **Complément Minéral Vitaminé** | 5 | 700 | 3500 |
| **Coquille** | 2 | 100 | 200 |
| **Total** | 100 | 1605 | 17 305 |

L'utilisation des sous-produits chez les éleveurs rencontrés en vue de formulation des rations est conditionnée par le coût qui diffère d'un sous-produit à l'autre (**Tableau 7**).

**Tableau 7**:cout unitaire des sous-produits agro-industriels

| Matières premières | Prix unitaire(FCFA/kg) |
|---|---|
| Tourteau de coton | 240 |
| Tourteau de soja | 360 |
| Tourteau d'arachide | 290 |
| Son de blé | 150 |
| Drêche | 15 |

La **Figure 2**décrit le coût total du taux d'inclusion des sous-produits dans les fermes étudiées de poulet de chair. Les coûts les plus importants reviennent aux fermes d'élevage 3 et 1(respectivement, 4610 et 4500FCFA) suivis de ceux des fermes 2 et 6 (respectivement, 4260 et4250 FCFA). Ensuite, les fermes d'élevage 9, 5, 7, 4 et 8 ont des coûts, respectivement, de l'ordre de 3760, 3360, 3580, 3360 et 3260 FCFA. Enfin, le coût le moins onéreux est observé dans la ferme 10(18290FCFA).

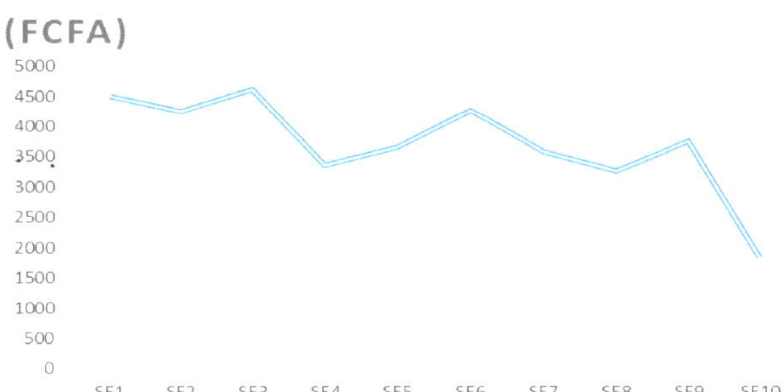


**Figure 2:**Coût total d'inclusion des sous-produits des rations selon la ferme de poulet de chair.

La **Figure 3** illustre le coût total du taux d'inclusion des sous-produits agro-industriels qui montre des fluctuations plus marquées selon les fermes porcines étudiées. Les valeurs les plus importantes reviennent aux fermes d'élevages 6 et 2 (respectivement, 283000 et 262500 FCFA) suivies des celles des fermes 8, 1 et 9 (respectivement, 175000, 165000 et 117000 FCFA). Ensuite, les fermes d'élevage 3, 5, 7, 10 présentent respectivement, des coûts de l'ordre de 69000, 60000, 48000, 3360 et 36225 FCFA. Enfin, la valeur la plus basse du coût est observée pour la ferme 4 (18750 FCFA).

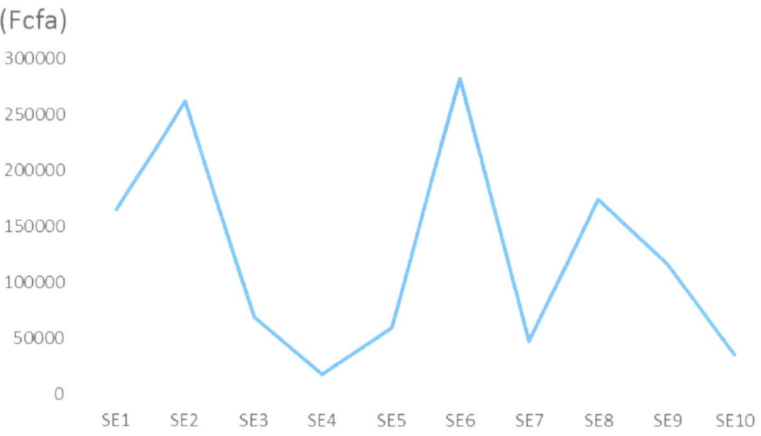


**Figure 3**: Coût total d'inclusion des sous-produits des rations selon la ferme des porcs

Pour les éleveurs, les sources d'approvisionnement des sous-produits agro-industriels sont surtout représentées par les commerçants des marchés, les provendiers ou d'autres éleveurs. Les principaux problèmes relevés et qui sont liés à l'utilisation de sous-produits agro-industriels sont:

➢ Transport estimé onéreux au vue de la distance des EFA (Exploitant familial agropastoral),

➢ Manque de maitrise de la valeur nutritive des sous-produits,

➢ Manque d'expérience et absence de référentiel en termes de conduite alimentaire dans la zone,

➢ Difficultés de stockage et de conservation des sous-produits agro-industriels.

Les éleveurs attestent à la hauteur de 50% de cas, une rentabilité plus efficace s'ils étaient mieux informés sur les pratiques d'utilisation des sous-produits agro-industriels et leurs valeurs nutritives. Les quantités utilisées selon les fermes d'élevage sont répertoriées dans les tableaux 8 et 10.Au niveau du marché local de Sangmélima, le poulet de chair est vendu à la ferme sur pied avec un prix de 3000FCFA.Cependant, le prix de 3500FCFA est plus souvent pratiqué par les revendeurs, générant ainsi une marge de 500FCFA.Quant aux porcs, les prix de vente varient en fonction du poids vifs de 150000FCFA pour un porc de 100kg et de 250000à 300000 FCFA pour des porcs plus lourds.

## 1.3. Système d'élevage de poulet de chair

### 1.3.1. Taux d'inclusion de sous-produits agro-industriels

Les résultats de l'enquête révèlent une diversité de taux d'inclusion des quantités de sous-produits agro-industriels dans la formulation des rations utilisées dans l'alimentation d'une ferme à une autre (**Tableau 8**). Le taux d'inclusion du tourteau de coton oscille de 1 à 5 kg, ceux du tourteau de soja est compris entre 5 et 8,75kg, du tourteau d'arachide de l'ordre de 0,1 kg et enfin celui du le son de blé est de 2 à 4 kg. Le taux d'inclusion tient compte de la disponibilité des sous-produits, de l'accessibilité des prix et des zones d'élevages.

**Tableau 8**: Taux d'inclusion (%) des sous-produits agro-industriels dans les rations alimentaires

| Fermes | Tourteau de coton | Tourteau de soja | Tourteau d'arachide | Son de blé |
|---|---|---|---|---|
| 1 | 5 | 7,5 | 0 | 4 |
| 2 | 0 | 8,75 | 2,5 | 2,5 |
| 3 | 5 | 7 | 1 | 4 |
| 4 | 1 | 7 | 0 | 4 |
| 5 | 2 | 8 | 0 | 2 |
| 6 | 5 | 8,5 | 0 | 0 |
| 7 | 0 | 7,5 | 2 | 2 |
| 8 | 0 | 6 | 2,5 | 2,5 |
| 9 | 0 | 8 | 2 | 2 |
| 10 | 0 | 5 | 0,1 | 0 |

### 1.3.2. Performances zootechniques et I.C. dans les fermes des poulets de chair
**- Poids vif moye net Gain Moyen Quotidien (GMQ)**

Au terme des 45 ou 60 jours du cycle de production, les valeurs moyennes du poids vifs enregistrés sont respectivement de l'ordre de 2,0 ± 0,01 et 2,5 ± 0,01 kg (**Tableau 9**).

**Tableau 9**: Poids en fonction des fermes d'élevage des poulets de chair

| FERME | Poids vif (kg)<br>Moyenne ±<br>Ecart-type |
|---|---|
| 1 | 2, 00 ± 0,013 |
| 2 | 2, 01 ± 0,007 |
| 3 | 2, 50 ± 0,012 |
| 4 | 2, 02 ± 0,007 |
| 5 | 2, 00 ± 0,008 |
| 6 | 2, 50 ± 0,012 |
| 7 | 2, 00 ± 0,013 |
| 8 | 2, 52 ± 0,013 |
| 9 | 2, 00 ± 0,013 |
| 10 | 2, 00 ± 0,013 |

Selon la **Figure 3**, les fermes 1 et 2 ont des valeurs similaires de GMQ, alors qu'une légère augmentation de GMQ a été signalée au niveau de la ferme 3. Pareillement, les fermes 4 et 5 montrent des valeurs similaires, alors qu'une diminution du GMQ a été signalée au niveau des fermes 6 et 8. Des valeurs intermédiaires ont été observées au niveau des fermes 7, 9 et 10 (**Annexe 3**).

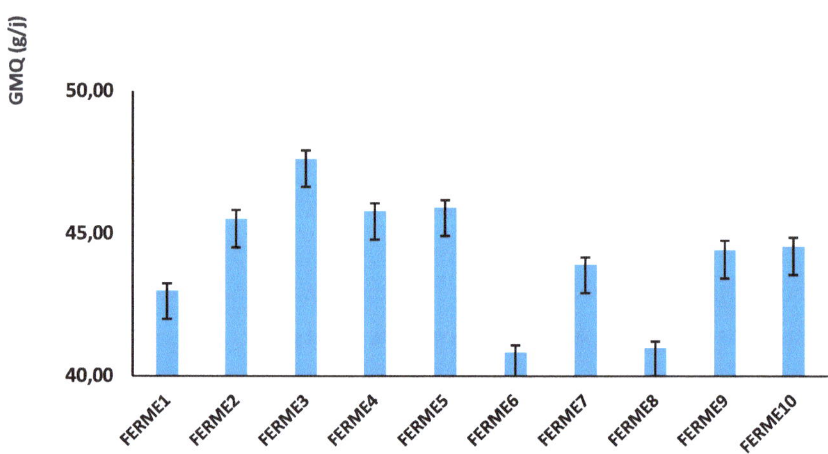


**Figure 4:** Gain moyen quotidien selon la ferme d'élevage de poulet de chair.

**- Indice de consommation(I.C) des sous-produits agro-industriels**

Il ressort de la **Figure 5** que la valeur moyenne de l'I.C. du son de blé est plus élevée dans la ferme1, suivie de celle de l'I.C. du tourteau de coton dans la ferme 10, et en 3$^{ème}$ rang celle de l'I.C. du tourteau de soja dans les fermes 3 et 6 (**Annexe 10**).

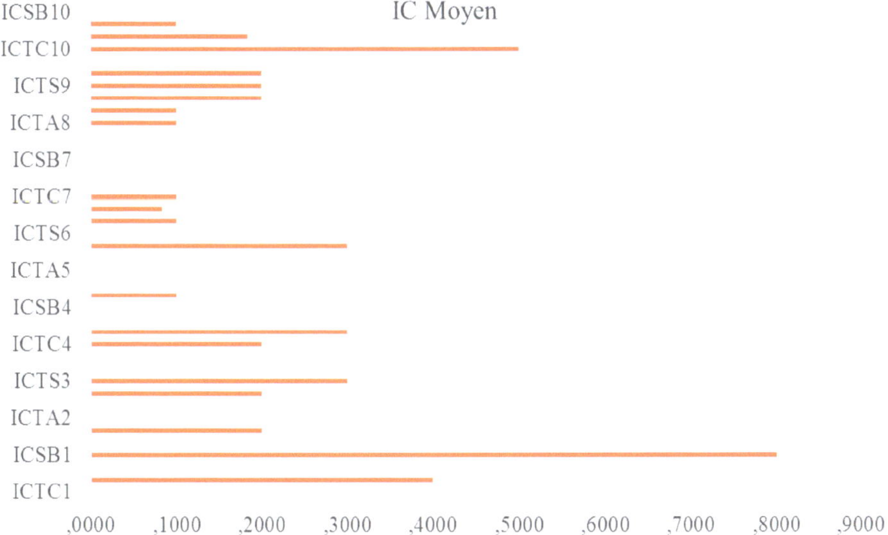


**Figure 5:**Valeur moyenne de l'I.C. des sous-produits agro-industriels en élevage poulet de chair.

## 1.4.Système d'élevage porcin

### 1.4.1.Taux d'inclusion de sous-produits agro-industriels

Le **Tableau 10**synthétisel'utilisation de 4 sous-produits agro-industriels (drêches, tourteau de soja, tourteau d'arachide et son de blé) dans l'alimentation porcine. La formulation des rations pour l'élevage des porcs issus de différentes fermes montre une variation des quantités incorporées d'un régime à l'autre avec une tendance en faveur de la drêche et du son de blé (**Tableau 10**).

**Tableau 10**: Taux d'incorporation des sous-produits agro-industriels dans l'alimentation selon la ferme porcine.

| Ferme | Drêche (kg) | Tourteau de soja (kg) | Tourteau d'arachide (kg) | Son de blé (kg) |
|---|---|---|---|---|
| 1 | 0 | 250 | 0 | 500 |
| 2 | 1500 | 0 | 0 | 1600 |
| 3 | 600 | 0 | 0 | 400 |
| 4 | 250 | 0 | 0 | 100 |
| 5 | 0 | 0 | 0 | 400 |
| 6 | 0 | 500 | 200 | 300 |
| 7 | 0 | 100 | 0 | 80 |
| 8 | 0 | 200 | 200 | 300 |
| 9 | 200 | 150 | 0 | 400 |
| 10 | 105 | 52,5 | 0 | 105 |

## 1.4.2. Performances zootechniques et I.C dans les fermes des porcs

**- Poids vif moyen et Gain Moyen Quotidien**: D'une manière globale, la valeur moyenne des poids des porcs des différents élevages visités est de 125 kg. Le tableau 11 révèle une variation importante des valeurs du poids moyen dans les fermes étudiées d'élevage porcin. La valeur moyenne fluctue de 100 à 166 kg avec des variations similaires pour les fermes 2, 3, 5, 6, 8, 9 et relativement faibles pour les fermes 7,10 et 4 (**Annexe 5**).

**Tableau 11**: Poids vif, selon les fermes porcines étudiées

| FERME | Poids vif (kg) Moyenne ± Ecart-type |
|---|---|
| 1 | 106± 1,52 |
| 2 | 166 ± 1,53 |
| 3 | 146 ± 1,53 |
| 4 | 101± 0,58 |
| 5 | 116 ± 1,53 |
| 6 | 117 ± 1,53 |
| 7 | 100± 1,28 |
| 8 | 156 ± 1,53 |
| 9 | 141± 1,53 |
| 10 | 100 ± 1,29 |

Quant à la vitesse de croissance journalière, la valeur moyenne varie de 370 ± 5à 444 ± 4g/j, avec une supériorité notable pour ferme 2, suivie par les fermes 8 et 9.

Des valeurs intermédiaires sont observées pour les fermes 1, 3, 5 et 6, alors que celles les plus faibles sont réservées pour les fermes, 7 et 10(Annexe8).

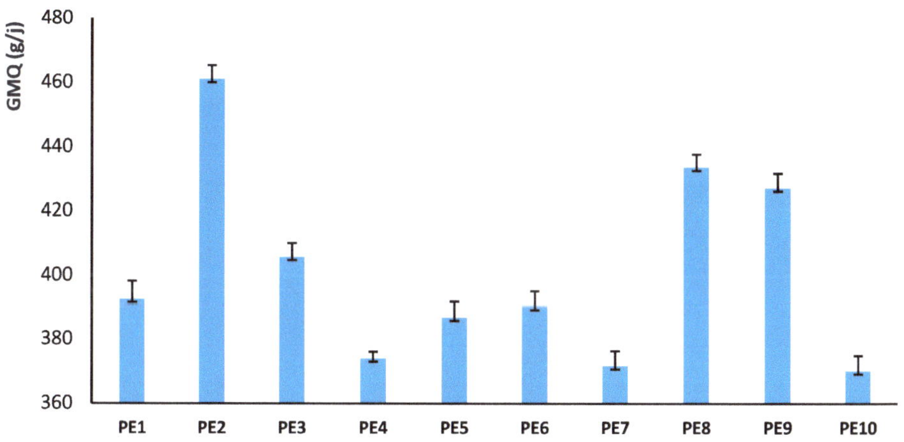


**Figure 6:**Valeurs moyennes du GMQ des différents élevages porcin étudiés.

**- Indice de consommation(I.C.) :** Pour la plupart des fermes d'élevages, le son de blé, la drêche et le tourteau de soja ont montré la valeur moyenne d'I.C.la plus élevée comparée (**Annexe 10**) à celles obtenues pour le tourteau d'arachide, du tourteau de coton (**Figure 7**).

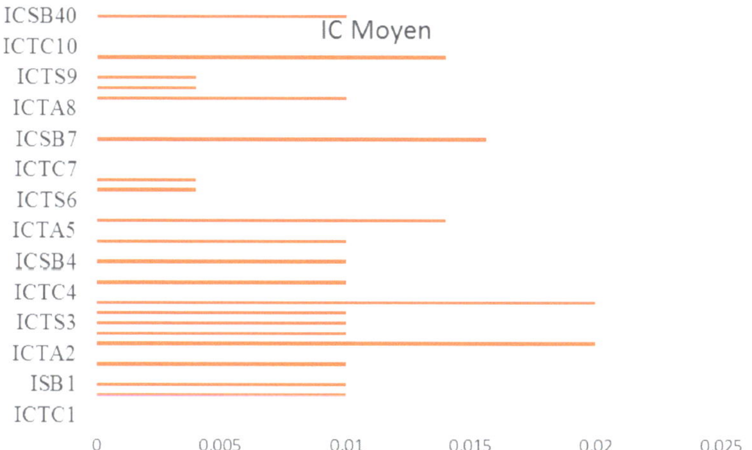


**Figure 7:**Valeurs moyennes de l'I.C des différents sous-produits selon les systèmes d'élevage

**1.5.Energie digestible et teneur en protéines brutes des sous-produits**

Le **Tableau 11** présente les teneurs en énergie digestible et en protéines brutes des différents sous-produits agro-industriels selon les quantités de matière sèche dans chaque système d'élevage porcin.

**Tableau 11**: Teneur moyenne en énergie digestible et protéines brutes selon les fermes d'élevage porcin.

| FERME | Energie digestible (Kcal) | Protéines brutes (kg) |
|---|---|---|
| 1 | 1 914 217 | 16 606 |
| 2 | 7 850 397 | 57 466 |
| 3 | 2 607 258 | 20 040 |
| 4 | 938 330 | 7531 |
| 5 | 888 168 | 4911 |
| 6 | 2 189 650 | 32 096 |
| 7 | 499 236 | 7 870 |
| 8 | 1 890 967 | 19 536 |
| 9 | 1 943 602 | 16 234 |
| 10 | 702 826 | 6 135 |

Une hétérogénéité importante des teneurs avec une supériorité de la teneur moyenne de l'énergie digestible au niveau de la ferme 2, alors que la teneur la plus faible a été attribuée pour la ferme 7. En ce qui concerne la teneur en protéines brutes, la valeur la plus élevée est observée au niveau de la ferme 2 et celle la plus faible au niveau de la ferme 5 avec une faible variabilité intra-ferme.

## 3. DISCUSSION

### 2.1.Effets des sous-produits sur les performances zootechniques

### 2.1.1. Poids vif

Dans le cadre de ce travail, deux lots des poulets de chair ont été distingués sur la base du poids vifs: lot de poids moyen de 2kg et un autre lot de 2,5 kg. La différence du poids vif pourrait s'expliquer par la durée du cycle de production (45 *vs* 60 jours), mais aussi par la consommation des quantités inégales des sous-produits agro-industriels incorporés dans leur ration alimentaire. Ceci a été également confirmé par (**Diaw et al.,2012**)signalant, qu'après 43 jours d'élevage des poulets, les différences du poids vif sont principalement liées à la consommation des quantités inégales des aliments. Comparativement à l'étude de (**Sagna,2012**), où le tourteau d'arachide a été substitué par le tourteau de neem (*Azadirachta indica A,juss*),notre étude a montré une valeur similaire du poids vif mais avec des durées inégales de cycle de production. Par contre, **Souahibou (2014)**a signalé que l'incorporation de la farine des graines de la variété verte de bissap aboutit à une diminution du poids vif. Une variation importante du poids vif des porcs a été également marquée dans notre étude. Les poids les plus élevés ont été affichés chez les porcs qui consomment de la drêche et du son de blé. De façon générale, les sujets les plus lourds ont bénéficié des rations les plus énergétiques. Par conséquent, il est important de tenir compte des effets de l'incorporation des drêches et de son de blé dans la ration. Ceci a été observé dans les élevages des fermes 2, 3 et 8 qui possèdent les sujets les plus lourds et soumis à une ration alliant uniquement les drêches et le son de blé en quantités relativement importantes. Lorsque ces deux ingrédients étaient présentés en quantités relativement faibles (ferme 4), l'apport énergétique était faible et par conséquent les sujets ont des faibles poids suite à un déficit énergétiques. Les fermes 6 et 8 diffèrent uniquement par la quantité de tourteaux de soja; ainsi la ferme 8 a enregistré des poids lourds avec une ration plus énergétique et moins protéinée comparée à la ferme 6 qui se caractérise par des sujets de poids intermédiaires. Des résultats similaires ont été obtenus par (**Agbede et al.,1998**).
L'énergie métabolisable a montré un impact sur le poids des poulets de chair dans lesfermes3,6 et 8suite à une importante incorporation de tourteau de soja très riche en énergie métabolisable (3239,2Kcal/kg de MS)ainsi que du son de blé très riche en protéines. Une valeur énergétique élevée de l'aliment est accompagnée d'une amélioration de l'I.C. L'effet de l'énergie métabolisable sur la croissance

est très perceptible en élevage de poulets de chair avec un poids moyen de l'ordre de 2,5 (± 0,01) kg.

Dans les élevages porcins, l'énergie digestible est négativement corrélée au poids vif. Plus sa valeur est importante, plus le poids vif est faible ce qui reflète l'importance de l'incorporation du son de blé plus riche en protéine brute.

## 2.1.2. Gain Moyen Quotidien

Pendant la phase croissance, les poulets de chair de poids les plus légers (2,5 kg) ont enregistré une vitesse de croissance moyenne légèrement plus élevée que celle enregistrées chez des poulets de poids plus lourds (2,5 kg). Cette légère différence est due à la fois des effets de la durée de cycle de production et des quantités et de la teneur protéiques des aliments consommés. Ainsi, la réduction du taux des protéines brutes dans l'aliment se traduit par une diminution du GMQ chez les animaux en finition.**Andela (2008)** a signalé également une variation du GMQ en fonction du taux d'incorporation des sous-produits dans l'alimentation chez les poulets de chair en finition. Cependant, (**Sagna,2010**)n'a pas souligné des effets significatifs du taux d'incorporation de tourteau de neem sur le GMQ des animaux en finition.

Dans notre étude, les performances de croissance des porcs sont également influencées par le type de sous-produits agro-industriels incorporés dans la ration.Cependant,aucune différence de GMQ n'a été révélée entre un lot de porcs recevant 30% de soja dans leur ration et un autre lot témoin(**Agbede et al., 1998**).

## 2.1.3. Indice de consommation

L'estimation de l'I.C. moyen des sous-produits agro-industriels nous a permis de souligner l'importance de 3 types de sous-produits (tourteau de soja pour les fermes d'élevage poulet de chair, son de blé et drêche pour les fermes d'élevage porcin). La valeur élevée de l'I.C. de son de blé pourrait s'expliquer par l'absence des facteurs antinutritionnels contrairement au tourteau de coton. De plus, le son de blé est un sous-produit très appétant pour les animaux grâce à sa richesse en protéines. Ces constatations sont toutefois contradictoires avec les résultats d'une étude antérieure rapportant que l'incorporation de la ration avec un aliment riche en protéines brutes est susceptible d'affecter négativement l'engraissement de l'animal(**Ngueba, 2006**).Ceci est en accord avec des observations antérieures(**INRA,2000**) signalant une diminution de l'indice de consommation avec l'augmentation de la teneur en protéines des aliments.

L'I.C.élevé de la drêche observé dans les fermes porcines pourrait s'expliquer par sa richesse en protéine et en fibres brutes. Ceci peut constituer une bonne complémentation des rations pauvres en protéines, comme il été confirmé par (**Boessinger et al.,2015**). Les fermes d'élevage (2,9, 10) qui ont enregistré des faibles GMQ pour le poulet de chair ont un indice de consommation faible; ce qui conforte l'étude de(**Seddi, 2011**) selon laquelle plus l'aliment est riche en énergie, plus faible sera l'indice de consommation et plus importante sera la vitesse de croissance.

## 2.2. Effet du taux d'inclusion sur les coûts des aliments

D'après cette étude, l'incorporation des sous-produits influe sur les coûts des rations alimentaires des élevages étudiés. Les rations des poulets de chair les plus coûteuses intègrent dans la ration le tourteau de soja dont la teneur est comprise entre 7 et 8,5 kg. Avec des quantités incorporées plus supérieures à 8,5 kg, le prix de revient de la ration est plus important ce qui pourrait s'expliquer à son tour par un prix unitaire par kg de tourteau de soja plus élevé (360FCFA). Par contre, des quantités incorporées plus inférieures à 7 kg, le coût de la ration diminue (cas des couts de la ration dans les fermes 8et 10, respectivement de l'ordre de3260et 1829FCFA).L'influence de l'incorporation du tourteau de soja sur le coût de la ration alimentaire a été également observée dans les élevages des porcs où le coût le plus élevé (283 000 FCFA) est attribué pour laferme6avec un taux d'inclusion du tourteau de soja de 500kg.

Contrairement à une étude antérieure(**Orstom,1986**),notre étude a montré que le coût d'inclusion le plus faible est obtenu avec le son de blé dont le prix unitaire est 15 à 20 fois moins élevé que celui pratiqué dans la zone d'étude(150FCFA/kg).Ceci pourrait s'expliquer par la flambée des prix des matières premières, survenue au niveau mondial de 2005 en 2007, due à une multitude de facteurs en plus de la sécheresse qui ont frappé les grandes régions céréalières(**OECD, 2007**). Des tels facteurs ont abouti à la régression des stocks de céréales et d'oléagineux, au développement de l'utilisation de matières premières agricoles pour la production de biocarburants, à l'augmentation des prix du pétrole et, enfin, à la dévaluation continue du dollar des États-Unis, monnaie dans laquelle sont exprimés les prix indicatifs de ces différents produits de base.

# CONCLUSIONS RECOMMANDATIONS ET PERSPECTIVES

A l'issu de cette étude, on peut avancer que l'utilisation des sous-produits agro-industriels dans l'alimentation du système d'élevage porcin /avicole revêt plusieurs intérêts.

L'intérêt nutritionnel réside à travers la valeur alimentaire des sous-produits en matière sèche, cendres, matières organiques, protéines brutes, lipides, fibres brutes, ainsi qu'en énergies brutes digestibles et métabolisables. Le tourteau de soja est le sous-produit le plus riche en protéines brutes, tandis que le tourteau de coton contient la plus grande teneur en matières grasses (lipides), et le son de blé est le plus riche en fibre brute. Les teneurs en cendres dans le tourteau d'arachide et le son de blé sont plus importantes que celle du tourteau de soja. Les teneurs en matière organique du tourteau de coton et de soja sont les plus élevées.Pour l'énergie, la teneur en extractif non azotée du son de blé est quasiment le double de celle du tourteau d'arachide, de coton et de soja. Le tourteau de coton quant à lieu, il comprend la plus grande valeur en énergie brute. Le son de blé, par contre, a la plus faible valeur en énergie digestible tandis que le tourteau de coton et de soja ont les valeurs les plus élevées en énergie métabolisable. La maitrise des valeurs nutritives et énergétiques des aliments est d'intérêt considérable en particulier lors du choix des sous-produits agro-industriels pour la formulation alimentaire pour une meilleure optimisation du potentiel de production des animaux.L'incorporation des sous-produits agro-industriels a montré également des effets bénéfiques ont été enregistrés sur les performances zootechniques dans les fermes étudiées, en particulier le poids vif. Par conséquent, ceci s'est répercuté positivement sur le GMQ, en particulier les porcins recevant la drêche et le son de blé incorporés avec des proportions importantes. En plus, une amélioration de l'IC du tourteau de soja a été signalée dans les fermes des poulets de chair. Pareillement, une amélioration de l'IC relatif à la drêche et au son de blé a été signalée dans les fermes porcines étudiées.

L'incorporation des sous-produits avec des quantités variables ont montré également une influence sur le coût des rations des aliments distribuées. La ration la plus rentable et la moins couteuse (1829 FCFA) est obtenue suite à l'incorporation dans la ration des porcs du tourteau de soja et du tourteau d'arachide avec des quantités réduites. Contrairement, la ration la plus onéreuse (4610 FCFA)a été observée dans les fermes des poulets suite à l'incorporation des quantités importantes du tourteau de coton (5kg), tourteau de soja (7kg) et enfin du son de blé (4kg).Au terme de ce travail, les recommandations suivantes peuvent être prises en considération afin de contribuer à la promotion des élevages porcines et des poulets de chair :

- ✓ Composer les rations qui intègrent le tourteau de soja pour sa richesse en énergie (métabolisable et digestible), le son blé pour sa richesse protéique pour une meilleure optimisation du poids et une optimisation de l'indice de consommation,
- ✓ Formuler des rations moins onéreuses en fonction des sous-produits agro-industriels pour réduire les coûts de production.

# REFERENCES BIBLIOGRAPHIQUES

**Abdelaziz Merouane (2009).** Essai de prévision de la valeur nutritive des feuilles et la pulpe d'arganier. Mémoire Ingénieur en biologie, Université Hassiba Ben Bouali. Repéré dans mémoire en ligne.

**Agbede G., Djoukam J., Mogarevo J.P., Salez P. (1988).** Détermination du taux optimal d'incorporation de graines de soja dans les régimes pour porcs, (TROPICULTURA). **Maison d'édition**: Agri-Overseas (Belgique).

**Akoda K. (2002).** Etude des intrants zootechniques et vétérinaires: distribution et contrôle de qualité des médicaments vétérinaires (cas du Benin et du Togo). Thèse de médecine vétérinaire, Université Cheikh Anta Diop /EISMV Dakar.

**AlainHuart (2004).** Les ingrédients qui composent l'aliment volaille. Edition éco Congo. PP 1-5.

**Andela A.C.M., (2008)** .Etude comparative des performances de croissance de poulet de chair permises par trois aliments chair sur le marché de Dakar. Thèse de médecine vétérinaire, Université Cheikh Anta Diop/ EISMV Dakar.

**AOAC (2016).** Official Methods of Analysis of AOAC, International, 20th edition. AOAC internatonal Gaithersburgh, MD, USA, ISBN(s).

**Apithy L.et Léa L., (2010).** Entre forêt équatoriale et pôle de développement urbain, une agriculture en mutation: diagnostic agraire dans l'arrondissement de Sangmélima, Sud Cameroun. MémoireD'ingénieur Agronome d'Agrocampus Ouest Spécialisation En Agronomie Tropicale, L'institut des Régions Chaudes-Montpellier Supagro .

**Archimède H., Garcia G., Xande X., J.L., Gourdine, Renaudaud D., Despois E., Anais C., Coppry O., Fleury J., Mahieu M., Boval M., Alexandre G., Arquet R., Gonzalez-Garcia E. (2008).** Guide d'utilisation de la canne à sucre et de Ses coproduits en alimentation animale: A l'usage des producteurs agricoles et techniciens. Pp 78.Repéré à http://prodinra.inra.fr/record/270595

**Bindelle J., Buldgen A. (2004).** Utilisation des plantes à tubercules ou à racines tubéreuses en alimentation animale. Troupeaux et Cultures des Tropiques. Volume : 4 pp 47-50.

**Boessinger M., Hug L.B.L.H., Labor Veritas, Wyss U., Liebefeld-Posieux A.L.P. (2015).** Les drêches de brasserie, un aliment protéique intéressant. Revue UFA, 4/05,8401 Winterthour. Réperé à http://bier.swiss/wp-content/uploads/sites/2/2015/04/f_malztreber.pdf

**Boutrais Jean (1982).**Une agriculture sans paysans : la grande culture du blé au Cameroun, I Économie rural (éditions persée, Volume 147 Numéro 1 pp 51-54).

Maison d'édition à Paris, France. Repéré à DOI : 10.3406/ecoru.1982.2835 www.persee.fr/doc/ecoru_0013-0559_1982_num_147_1_2835

**Centre technique de coopération agricole et Rurale (CTA). (2016).** Etat de la filière céréales au Cameroun. Dossier d'information pour les PME d'Afrique sur la transformation agroalimentaire. Réseau TPA. Repéré à http://www.gret.org/projet/dossier-dinformation-pour-les-pme-agroalimentaires/

**Devenet. (2016).** La valorisation des résidus de récolte par les animaux. Repéré à http://devenet.free.fr/agriculture/residus.htm.

**Diaw M.T., Dieng A., Mergeai G., Camara, Hornick J.L. (2012).** Effets de la substitution totale du tourteau d'arachide par la fève de coton glandless sur les performances zootechniques de poulets de chair au Sénégal. Revue d'élevage et de médecine vétérinaire des pays tropicaux. pp17-23.

**Djoudeitingar Ditaroh (1993).** Valorisation des résidus de récolte et des sous-produits agro-industriels pour la production de viande bovine: valeur nutritive de trois rations et effets sur les performances bouchères et les variations de l'état corporel du zébu; esquisse d'un bilan économique. Thèse de médecine vétérinaire, Université Cheikh Anta Diop/ EISMV Dakar.

**FAO (2013).** Produire plus ou moins avec le manioc. Guide pour une intensification durable de la production. Repéré sur http://www.fao.org/3/a-i3278f.pdf.

**FAO(2014).** Bioénergie et sécurité alimentaire évaluation rapide (BEFS RA) Manuel d'Utilisation résidus de cultures et d'élevage. Repéré sur http://www.fao.org/3/a-bp843f.pdf.

**FAO Bureau régional pour l'Afrique Accra (2014).**Résidus agricoles et sous-produits agro-industriels en Afrique de l'ouest: état des lieux et perspectives pour l'élevage, RAPPORT. Repéré sur http://www.fao.org/3/a-i3562f.pdf.

**Institut de Recherche Agricole pour le Développement(2013).**Amélioration de la productivité des volailles et de la qualité de leurs produits au Cameroun. Repéré à afrique-centrale.cirad.fr/content/download/4341/33226/version/3/file/Projet+CD2+'Volailles'.pdf.

**International Livestock Research Institute (2000).** Mettre la révolution dans le Secteur de l'élevage au Service des pauvres. Repéré à https://cgspace.cgiar.org/handle/10568/49919.

**Mafwila M., (1990).** A la recherche d'un système d'alimentation approprié pour volaille et porc au Zaïre. Open access journal. Tropicultura, 8. PP 44-45

**Ministère de l'Agriculture, de l'Elevage et de la Pêche (MAEP) (2014).** Alimentation animale: Fiche technique de base destinée aux techniciens agricoles. Repéré à http://www.labos.ulg.ac.be/agricotech.

**Ministère de l'Elevage, des Pêches et des Industries Animales (MINEPIA) (2009).** Schéma Directeur pour le Développement des Filières de l'élevage au Cameroun. (Volume II: Cartographie Des Filières .pp1-82).Cameroun.

**Mopaté, Kaboré-Zoungrana C.Y., Facho B. (2011).**Disponibilité et valeurs alimentaires des sons de riz, maïs et sorgho mobilisables dans l'alimentation des porcs à N'Djaména (Tchad). Journal of Applied Biosciences 41, 2757–2764.

**Mouna M., Seddi (2011).**Effet de la substitution du tourteau de soja par la féverole sur les paramètres zootechniques des poulets de chair.Mémoire d'ingénieur, Institut National Agronomique de Tunisie, Département des ressources animales, halieutiques et technologies agro-alimentaires.

**Nanema Lucien (1998).** Optimisation de l'utilisation des résidus de culture associés aux sous-produits agroindustriels dans l'alimentation des ruminants. Mémoire de fin d'étude d'Ingénieur du développement rural option élevage, Université Polytechnique de Bobo-Dioulasso.

**Ndébi G., Kamajou J., Ongla J. (2009).**Analyse des contraintes au développement de la production porcine au Cameroun (TROPICULTURA). **Maison d'édition**: Agri-Overseas (Belgique).

**Ngom S. (2004).** Ebauche d'un référentiel sur la composition chimique et valeur nutritive des matières premières utilisables en alimentation des volailles au Sénégal. Doctorat de troisième cycle de chimie et biochimie des produits naturels, Université cheikh anta-Diop de Dakar Faculté des sciences et techniques. Département de chimie.

**Ngueba L., Mombo (2006).** L'influence de la substitution du mais par le niébé sur les performances de croissance du poulet de chair en milieu tropical Sec. Thèse de médecine vétérinaire, Université Cheikh Anta Diop/ EISMV Dakar.

**AOAC (2016).** Official Methods of Analysis of AOAC, International, 20th edition. AOAC international Gaithersburgh, MD, USA, ISBN(s).

**OECD (2007).** La hausse des prix alimentaires: causes et conséquences. Repéré à http://www.oecd.org/fr/echanges/echanges-agricoles/40926060.pdf.

**ORSTOM, Fonds documentaire (1986).**Utilisation du tourteau de coton dans l'alimentation animale Département de Zootechnie N° :20452-IRCAM, Section Nutrition, pp 1-5.

**PIGTROP, CIRAD (2015).** Drêche ensilée, tourteau de palmiste et coques de cacao: digestibilité comparée des rations contenant de la drêche ensilée des brasseries, du tourteau de palmiste ou des coques de cacao chez le porc en croissance finition au Cameroun. Journal of Science, Food and Agriculture 66: 465-471.

**Preston T.R. (1988).** Porcs et volailles sous les tropiques Centre technique agricole et rural, PP1-30.

**Programme national de développement des racines et tubercules (PNDRT) (2006).** Etude sur l'observatoire des racines et tubercules, Rapport de première phase. Repéré à www.fidafrique.net/IMG/pdf/EtudeObservatoireRacinetubercule1.pdf.

**Projet forte communautaires Dja (PFC) (2003).** L'élevage du poulet de chair: Quelques éléments de production. Note technique n° 5 Dans le cadre de recherche d'alternatives à la viande brousse. PP1-13.

**République du CAMEROUN (2004).** Appui à la mise en œuvre du NEPAD–PDDAA (Volume Ide IV) profil de projet d'investissement bancable Appui au développement de la production de maïs, pp 52.

**Sagna R.F. (2010).** Essai de substitution du tourteau d'arachide par le tourteau de neem (*Azadirachta indica a,juss*) sur les performances en vif et en carcasse du poulet de chair. Thèse de médecine vétérinaire, Université cheikh anta- Diop de Dakar /EISMV Dakar.

**Souahibou S.S. (2014).** Performances zoo technico-économiques des poulets de chair (cobb500) nourris aux rations à base de la Farine des graines de la variété verte de bissap (Hibiscus Sabdariffa, Linn,) au Sénégal. Thèse de médecine vétérinaire, Université cheikh anta- Diop de Dakar /EISMV Dakar.

**VictorDeffo, Jean François Bruno Ottou, Ombionyo Messiné Lot Ebangi Achundoh, Mathias Djoumessi (2009).**Facteurs socio-économiques affectant l'utilisation des sous-produits agro-industriels pour l'embouche bovine à contre-saison dans l'Adamaoua. Cameroun. Biotechnologie, Agronomie, Société et Environnement, pp357-365.

**ANNEXES**

**Annexe1**
**Questionnaire**

**Département : Dja et Lobo**

**Arrondissement : Sangmélima**

**Localité :**

**Système d'élevage :**

**Sous- produits : disponible et utilisation**

| Sous-produits | Disponibilités | Fréquence d'utilisation | Les représentatifs |
|---|---|---|---|
| Résidus de céréales | | | |
| Fanes de légumineuses | | | |
| Racines et tubercules | | | |
| Tourteau de coton | | | |
| Tourteau de soja | | | |
| Tourteau d'arachide | | | |
| Sons des céréales locales | | | |
| Mélasse | | | |
| Sons de blé | | | |

**Comment présentez- vous ces sous-produits ?**

- En vrac      ☐
- Mélangés   ☐
- Séparés     ☐

**Ou présentezvous ces produits ?**

- Au sol       ☐
- Sur une surface aménag☐
- Dans une mangeoire ☐
- Caisse,Calebasse, Fut ☐

**Quels sont les problèmes que vous rencontrez par rapport à l'utilisation de ces sous-produits pour l'animal ?**

- Collecte ☐
- Transport ☐
- Stockage ☐
- Conservation☐
- Distribution ☐
- Valeur alimentaire pauv☐
- Inexpérienc☐

**Pensez vous pouvoir mieux utiliser ces sous-produits ?**

Non ☐      pourquoi ?-------------------------------------------------------------------
---------------------------------------------------------------------------------------------------
---------------------------------------------------------------------------------------------------
---------------------------------------------------------------------------------------------------
------

Oui☐      comment ?--------------------------------------------------------------
---------------------------------------------------------------------------------------------------
---------------------------------------------------------------------------------------------------
---------------------------------------------------------------------------------------------------
-------

**Estimez vous possible de réserver tout le disponible en sous-produits à l'alimentation ?**

Non      ☐      pourquoi ?---------------------------------------------------------------
---------------------------------------------------------------------------------------------------
---------------------------------------------------------------------------------

Oui ☐

**Achats**

Avez- vous déjà acheté des sous- produits

Non ☐    Régulièreme☐

Oui ☐    Irrégulièreme☐

Lesquels ?

Sous quelle forme ?

Pourquoi ?

Chez qui ?

- Commerçant ?
- Producteur ?

**Quantité utilisée par sous-produit**

# Poids à la sortie des sujets

## (Annexe2)
## QUESTIONNAIRE PROVENDERIE

Identification de l'établissement
Nom de l'établissement,,,,,,,,,,,,,,,,,,,,,,,,,,,,,,,,,,,,,,,,,,,,,,,,,,,,,,,,,,,,,,,,,,,,,,,,,,,,,,,,,,,,,,,,,,,,,,
Adresse de l'établissement,,,,,,,,,,,,,,,,,,,,,,,,,,,,,,,,,,,,,,,,,,,,,,,,,,,,,,,,,,,,,,,,,,,,,,,,,,,,,,,,,,,,,,,
Région ,,,,,,,,,,,,,,,,,,,,,,,,,,,,,,,,,,,,,,,,,,,,,,,,
Ville/village ,,,,,,,,,,,,,,,,,,,,,,,,,,,,,,,,,,,,,,,,,,,,
-
Infrastructures
Capacité des broyeurs-mélangeur,,,,,,,,,,,,,,,,,,,,,,,,,,,,
Type horizontal
Type vertical
Origine de l'équipement : produit localement
ou dans la sous région
, hors sous-région
;
autres,,,,,,,,,,,,,,,,,,,,,,,,,,,,,,,,,,,,,,,,,,,,,,,,,,,,,,,,,,,,,,,,,,,,,,,,,,,,,,,,,,,,,,,,,,,,,,,,,,,,,,,,,,,,,,,,,
-
Moyens humains de l'établissement
Personnel Administratif,,,,,,,,,,,,,,,,,,
Personnel technique ,,,,,,,,,,,,,,,,,,,
II-
Activités de l'établissement
1
-
Approvisionnement en matières Premières
Quelles sont les matières premières utilisées ?
,,,,,,,,,,,,,,,,,,,,,,,,,,,,,,,,,,,,,,,,,,,,,,,,,,,,,,,,,,,,,,,,,,,,,,,,,,,,,,,,,,,,,,,,,,,,,,,,,,,,,,,,,,,,,,,
(Précisez-les),,,,,,,,,,,,,,,,,,,,,,,,,,,,,,,,,,,,,,,,,,,,,,,,,,,,,,,,,,,,,,,,,,,,,,,,,,,,,,,,,,,,,,,,,,,,,,,,,,,,,,
,,,,,,,,,,,,,,,,,,,,,,,,,,,,,,,,,,,,,,,,,,,,,,,,,,,,,,,,,,,,,,,,,,,,,,,,,,,,,,,,,,,,,,,,,,,,,,,,,,,,,,,,,,,,,,,
(citer),,,,,,,,,,,,,,,,,,,,,,,,,,,,,,,,,,,,,,,,,,,,,,,,,,,,,,,,,,,,,,,,,,,,,,,,,,,,,,,,,,,,,,,,,,,,,,,,,,,,,,,,,,,
Rythme d'approvisionnement en matières 1ères
; 1-
; 1-
Autres (préciser),,,,,,,,,,,,,,,,,,,,,,,,,,,,,,,,,,,,,,,,,,,,,,,,,,,,,,
Quelle quantité achetez-vous ?
Par jour ,,,,,,,,,,,,,,,,,,,,,,,,,,
Par Semaine,,,,,,,,,,,,,,,,,,,,,,,,
Par mois ,,,,,,,,,,,,,,,,,,,,,,,,,
Autres ,,,,,,,,,,,,,,,,,,,,,,,,,,
Quels sont les prix respectifs des matières 1ères: (quantité et Prix du k

g ou du Sac de „„„kg)

| Matière première | Quantité (kg ou sac) | Prix |
|---|---|---|
| Tourteau de coton | | |
| Tourteau de soja | | |
| Tourteau de palmiste | | |
| Tourteau d'arachide | | |
| Sons des céréales locales | | |
| Son de mais | | |
| Sons de blé | | |
| Son de riz | | |
| Dreche | | |

Autres (PréciSer)

Quelle est l'évolution des prix ?„„„„„„„„„„„„„„„„„„„„„„„„„„„„„„„„„„„„„„„„„„„„„„„„„„„„„„„„„„„„„„„

Quel est le Coût d'approvisionnement en matières 1ères par Semaine „„„„„„„„„„„„„„„„

par mois„„„„„„„„„„„„„„„

Quelles sont les difficultés liées à l'achat des matières 1ères ?

„„„„„„„„„„„„„„„„„„„„„„„„„„„„„„„„„„„„„„„„„„„„„„„„„„„„„„„„„„„„„„„„„„„„„„„„„„„„„„„

„„„„„„„„„„„„„„„„„„„„„„„„„„„„„„„„„„„„„„„„„„„„„„„„„„„„„„„„„„„„„„„„„„„„„„„„

2

-

Production des aliments

Capacité de production de l'établissement„„„„„„„„„„„„„„„„„„„„„„„„„„„„„„„„„„„„„„„„„„„„„

Production actuelle„„„„„„„„„„„„„„„„„„„„„„„„„„„„„„„„„„„„„„„„„„„„„„„„„„„„„

Les catégories

autres(Préciser)„„„„„„„„„„„„„„„„„„„„„„„„„„„„„„„„„„„„„„„„„„„„„„„„„„„„„

Les types d'aliments volaille et produits :

-

Qui a formulé les rations ?„„„„„„„„„„„„„„„„„„„„„„„„„„„„„„„„„„„„„„„„„„„„„„„„„„„

Quantité d'aliments de volaille et porcs produits :

Par jour „„„„„„„„„„„„„„„„„„„„„„„„„

Par semaine„„„„„„„„„„„„„„„„„„„„„„„„„

Par mois „„„„„„„„„„„„„„„„„„„„„„„„„

Présentation des aliments de volaille et porc„„„„„„„„„„„„„„„„„„„„„„„„„„„„„„„„„„„„„„„„„„„„„„„„

„„„„„„„„„„„„„„„„„„„„„„„„„„„„„„„„„„„„„„„„„„„„„„„„

Si oui, par quelle structure ?„„„„„„„„„„„„„„„„„„„„„„„„„„„„„„„„„„„„„„„„„„„„„„„et quelle fréquence

„„„„„„„„„„„„„„„„„„„„„„„„„„„„„„„„„„„„„„

„„„„„„„„„„„„„„

Coût de production du kg d'aliment volaille et porc……………………………………,,

Aliment

Coût moyen

Minimum

Maximum

Prix de vente du kg d'aliment et ses variations ,,,,,,,,,,,,,,,,,,,,,,,,,,,,,

Aliment

Prix moyen

Minimum

Maximum

Les grandes périodes de vente,,,,,,,,,,,,,,,,,,,,,,,,,,,,,,,,,,,,,,,,,,,,,,,,,,,,,,,,,,, et les raisons,,,,,,,,,,,,,,,,,,,,,,,,,,,,,,,,,,,,,,,,,,,,,,,,,,,,,,,,,,,,,,,,,,,,,,,,,,,,,,,,,,

Difficultés rencontrées dans la production et la vente des aliments

## Annexe3
## Statistiques sur échantillon unique

|  | N | Moyenne | Ecart-type | Erreur standard moyenne |
|---|---|---|---|---|
| ferme1 | 25 | 2,0 | ,06298 | ,013 |
| ferme2 | 25 | 2,0 | ,03697 | ,007 |
| ferme3 | 25 | 2,5 | ,06141 | ,012 |
| ferme4 | 25 | 2,0 | ,03678 | ,007 |
| ferme5 | 25 | 2,0 | ,04044 | ,008 |
| ferme6 | 25 | 2,5 | ,05842 | ,012 |
| ferme7 | 25 | 2,0 | ,06273 | ,013 |
| ferme8 | 25 | 2,5 | ,06273 | ,013 |
| ferme9 | 25 | 2,0 | ,06273 | ,013 |
| ferme10 | 25 | 2,0 | ,06273 | ,013 |

# Annexe4

**Test sur échantillon unique  poids moyen poulet de chair**

| | Valeur du test = 0 | | | | | |
| | t | ddl | Sig. (bilatérale) | Différence moyenne | Intervalle de confiance 95% de la différence | |
| | | | | | Inférieure | Supérieure |
|---|---|---|---|---|---|---|
| ferme1 | 154,807 | 24 | ,000 | 2,0 | 1,9240 | 1,9760 |
| ferme2 | 271,042 | 24 | ,000 | 2,0 | 1,9887 | 2,0193 |
| ferme3 | 199,525 | 24 | ,000 | 2,5 | 2,4251 | 2,4757 |
| ferme4 | 274,079 | 24 | ,000 | 2,0 | 2,0007 | 2,0311 |
| ferme5 | 251,265 | 24 | ,000 | 2,0 | 2,0157 | 2,0491 |
| ferme6 | 209,740 | 24 | ,000 | 2,5 | 2,4263 | 2,4745 |
| ferme7 | 157,998 | 24 | ,000 | 2,0 | 1,9565 | 2,0083 |
| ferme8 | 195,457 | 24 | ,000 | 2,5 | 2,4265 | 2,4783 |
| ferme9 | 158,795 | 24 | ,000 | 2,0 | 1,9665 | 2,0183 |
| ferme10 | 159,592 | 24 | ,000 | 2,0 | 1,9765 | 2,0283 |

# Annexe5

**Statistiques sur échantillon unique**

| | N | Moyenne | Ecart-type | Erreur standard moyenne |
|---|---|---|---|---|
| Ferme1 | 6 | 106,0000 | 3,74166 | 1,52753 |
| Ferme2 | 6 | 166,0000 | 3,74166 | 1,52753 |
| Ferme3 | 6 | 146,0000 | 3,74166 | 1,52753 |
| Ferme4 | 6 | 101,0000 | 1,41421 | ,57735 |
| Ferme5 | 6 | 116,0000 | 3,74166 | 1,52753 |
| Ferme6 | 6 | 117,0000 | 3,74166 | 1,52753 |
| Ferme7 | 6 | 100,3333 | 3,14113 | 1,28236 |
| Ferme8 | 6 | 156,0000 | 3,74166 | 1,52753 |
| Ferme9 | 6 | 141,0000 | 3,74166 | 1,52753 |
| Ferme10 | 6 | 100,0000 | 3,16228 | 1,29099 |

**Annexe 6**

**Test sur échantillon unique poids moyen porc**

| | Valeur du test = 0 | | | | | |
| | t | ddl | Sig. (bilatérale) | Différence moyenne | Intervalle de confiance 95% de la différence | |
| | | | | | Inférieure | Supérieure |
|---|---|---|---|---|---|---|
| Ferme1 | 69,393 | 5 | ,000 | 106,00000 | 102,0734 | 109,9266 |
| Ferme2 | 108,673 | 5 | ,000 | 166,00000 | 162,0734 | 169,9266 |
| Ferme3 | 95,579 | 5 | ,000 | 146,00000 | 142,0734 | 149,9266 |
| Ferme4 | 174,937 | 5 | ,000 | 101,00000 | 99,5159 | 102,4841 |
| Ferme5 | 75,940 | 5 | ,000 | 116,00000 | 112,0734 | 119,9266 |
| Ferme6 | 76,594 | 5 | ,000 | 117,00000 | 113,0734 | 120,9266 |
| Ferme7 | 78,241 | 5 | ,000 | 100,33333 | 97,0369 | 103,6297 |
| Ferme8 | 102,126 | 5 | ,000 | 156,00000 | 152,0734 | 159,9266 |
| Ferme9 | 92,306 | 5 | ,000 | 141,00000 | 137,0734 | 144,9266 |
| Ferme10 | 77,460 | 5 | ,000 | 100,00000 | 96,6814 | 103,3186 |

**Annexe7**

**Statistiques sur échantillon unique GMQ moyen poulet de chair**

| | N | Moyenne | Ecart-type | Erreur standard moyenne |
|---|---|---|---|---|
| FERME1 | 25 | 43,00 | 1,258 | ,252 |
| FERME2 | 25 | 45,52 | 1,558 | ,312 |
| FERME3 | 25 | 47,64 | 1,469 | ,294 |
| FERME4 | 25 | 45,80 | 1,323 | ,265 |
| FERME5 | 25 | 45,92 | 1,288 | ,258 |
| FERME6 | 25 | 40,84 | 1,214 | ,243 |
| FERME7 | 25 | 43,92 | 1,288 | ,258 |
| FERME8 | 25 | 41,00 | 1,080 | ,216 |
| FERME9 | 25 | 44,44 | 1,609 | ,322 |
| FERME10 | 25 | 44,56 | 1,530 | ,306 |

63

**Annexe 8**

### Test sur échantillon unique GMQ moyen poulet de chair

| | | | | | Intervalle de confiance 95% de la différence | |
|---|---|---|---|---|---|---|
| | | | | | | |
| | | | Sig. | Différence | Inférieure | |
| | t | ddl | (bilatérale) | moyenne | | Supérieure |
| FERME1 | 170,865 | 24 | ,000 | 43,000 | 42,48 | 43,52 |
| FERME2 | 146,106 | 24 | ,000 | 45,520 | 44,88 | 46,16 |
| FERME3 | 162,200 | 24 | ,000 | 47,640 | 47,03 | 48,25 |
| FERME4 | 173,108 | 24 | ,000 | 45,800 | 45,25 | 46,35 |
| FERME5 | 178,204 | 24 | ,000 | 45,920 | 45,39 | 46,45 |
| FERME6 | 168,231 | 24 | ,000 | 40,840 | 40,34 | 41,34 |
| FERME7 | 170,443 | 24 | ,000 | 43,920 | 43,39 | 44,45 |
| FERME8 | 189,793 | 24 | ,000 | 41,000 | 40,55 | 41,45 |
| FERME9 | 138,068 | 24 | ,000 | 44,440 | 43,78 | 45,10 |
| FERME10 | 145,649 | 24 | ,000 | 44,560 | 43,93 | 45,19 |

Le haut de la première colonne de valeurs porte l'en-tête « Valeur du test = 0 ».

### Annexe 9

### Statistiques sur échantillon unique IC moyen poulet de chair

| | N | Moyenne |
|---|---|---|
| ICTC1 | 0[a,b] | . |
| ICTS1 | 0[a,b] | . |
| ICTA1 | 25 | ,0100 |
| ISB1 | 25 | ,0100 |
| ICTC2 | 25 | ,0000 |
| ICTS2 | 25 | ,0100 |
| ICTA2 | 25 | ,0000 |
| ICSB2 | 25 | ,0200 |
| ICTC3 | 25 | ,0100 |
| ICTS3 | 25 | ,0100 |
| ICTA3 | 25 | ,0100 |
| ICSB3 | 25 | ,0200 |
| ICTC4 | 25 | ,0000 |
| ICTS4 | 25 | ,0100 |
| ICTA4 | 25 | ,0000 |

| ICSB4 | 25 | ,0100 |
|---|---|---|
| ICTC5 | 25 | ,0000 |
| ICTS5 | 25 | ,0100 |
| ICTA5 | 25 | ,0000 |
| ICSB5 | 25 | ,0140 |
| ICTC6 | 25 | ,0000 |
| ICTS6 | 25 | ,0000 |
| ICTA6 | 25 | ,0040 |
| ICSB6 | 25 | ,0040 |
| ICTC7 | 25 | ,0000 |
| ICTS7 | 25 | ,0000 |
| ICTA7 | 25 | ,0000 |
| ICSB7 | 25 | ,0156 |
| ICTC8 | 25 | ,0000 |
| ICTS8 | 25 | ,0000 |
| ICTA8 | 25 | ,0000 |
| ICSB8 | 25 | ,0100 |
| ICTC9 | 25 | ,0040 |
| ICTS9 | 25 | ,0040 |
| ICTA9 | 25 | ,0000 |
| ICSB9 | 25 | ,0140 |
| ICTC10 | 25 | ,0000 |
| ICTS10 | 25 | ,0000 |
| ICTA10 | 25 | ,0000 |
| ICSB40 | 25 | ,0100 |

## Test sur échantillon unique IC moyen poulet de chair

| | | | | | Intervalle de confiance 95% de la différence | |
|---|---|---|---|---|---|---|
| | | | | | | |
| | | | Sig. | Différence | | |
| | t | ddl | (bilatérale) | moyenne | Inférieure | Supérieure |
| ICTA1 | 3,762E+16 | 24 | ,000 | ,01000 | ,0100 | ,0100 |
| ISB1 | 3,762E+16 | 24 | ,000 | ,01000 | ,0100 | ,0100 |
| ICTS2 | 3,762E+16 | 24 | ,000 | ,01000 | ,0100 | ,0100 |
| ICSB2 | 3,762E+16 | 24 | ,000 | ,02000 | ,0200 | ,0200 |
| ICTC3 | 3,762E+16 | 24 | ,000 | ,01000 | ,0100 | ,0100 |
| ICTS3 | 3,762E+16 | 24 | ,000 | ,01000 | ,0100 | ,0100 |
| ICTA3 | 3,762E+16 | 24 | ,000 | ,01000 | ,0100 | ,0100 |
| ICSB3 | 3,762E+16 | 24 | ,000 | ,02000 | ,0200 | ,0200 |
| ICTS4 | 3,762E+16 | 24 | ,000 | ,01000 | ,0100 | ,0100 |
| ICSB4 | 3,762E+16 | 24 | ,000 | ,01000 | ,0100 | ,0100 |
| ICTS5 | 3,762E+16 | 24 | ,000 | ,01000 | ,0100 | ,0100 |
| ICSB5 | 14,000 | 24 | 4,829E-13 | ,01400 | ,0119 | ,0161 |
| ICTA6 | 4,000 | 24 | ,001 | ,00400 | ,0019 | ,0061 |
| ICSB6 | 4,000 | 24 | ,001 | ,00400 | ,0019 | ,0061 |
| ICSB7 | 15,396 | 24 | 6,147E-14 | ,01560 | ,0135 | ,0177 |
| ICSB8 | 3,762E+16 | 24 | ,000 | ,01000 | ,0100 | ,0100 |
| ICTC9 | 4,000 | 24 | ,001 | ,00400 | ,0019 | ,0061 |
| ICTS9 | 4,000 | 24 | ,001 | ,00400 | ,0019 | ,0061 |
| ICSB9 | 14,000 | 24 | 4,829E-13 | ,01400 | ,0119 | ,0161 |
| ICSB40 | 3,762E+16 | 24 | ,000 | ,01000 | ,0100 | ,0100 |

# Annexe 11

## Statistiques sur échantillon unique IC moyen porc

|  | N | Moyenne |
|---|---|---|
| ICTC1 | 6 | ,0000 |
| ICTS1 | 6 | ,4000 |
| ICTA1 | 6 | ,0000 |
| ICSB1 | 6 | ,8000 |
| ICTC2 | 0[b,c] | . |
| ICTS2 | 6 | ,2000 |
| ICTA2 | 6 | ,0000 |
| ICSB2 | 6 | ,0000 |
| ICTC3 | 6 | ,2000 |
| ICTS3 | 6 | ,3000 |
| ICTA3 | 6 | ,0000 |
| ICSB3 | 6 | ,0000 |
| ICTC4 | 6 | ,2000 |
| ICTS4 | 6 | ,3000 |
| ICTA4 | 6 | ,0000 |
| ICSB4 | 6 | ,0000 |
| ICTC5 | 6 | ,1000 |
| ICTS5 | 6 | ,0000 |
| ICTA5 | 6 | ,0000 |
| ICSB5 | 6 | ,0000 |
| ICTC6 | 6 | ,3000 |
| ICTS6 | 6 | ,0000 |
| ICTA6 | 6 | ,1000 |
| ICSB6 | 6 | ,0833 |
| ICTC7 | 6 | ,1000 |
| ICTS7 | 6 | ,0000 |
| ICTA7 | 6 | ,0000 |
| ICSB7 | 6 | ,0000 |
| ICTC8 | 6 | ,0000 |
| ICTS8 | 6 | ,0000 |
| ICTA8 | 6 | ,1000 |
| ICSB8 | 6 | ,1000 |
| ICTC9 | 6 | ,2000 |
| ICTS9 | 6 | ,2000 |
| ICTA9 | 6 | ,2000 |
| ICSB9 | 6 | ,0000 |
| ICTC10 | 6 | ,5000 |
| ICTS10 | 6 | ,1833 |

| | | | | | | |
|---|---|---|---|---|---|---|
| ICTA10 | | 6 | | | | ,1000 |
| ICSB10 | | 6 | | | | ,0000 |

## Annexe 12

### Test sur échantillon unique IC moyen porc

| | Valeur du test = 0 | | | | | |
|---|---|---|---|---|---|---|
| | | | | | Intervalle de confiance 95% de la différence | |
| | t | ddl | Sig. (bilatérale) | Différence moyenne | Inférieure | Supérieure |
| ICTS1 | 5,779E+16 | 5 | ,000 | ,40000 | ,4000 | ,4000 |
| ICSB1 | 5,779E+16 | 5 | ,000 | ,80000 | ,8000 | ,8000 |
| ICTS2 | 5,779E+16 | 5 | ,000 | ,20000 | ,2000 | ,2000 |
| ICDR3 | 5,779E+16 | 5 | ,000 | ,20000 | ,2000 | ,2000 |
| ICTS3 | 8,661E+16 | 5 | ,000 | ,30000 | ,3000 | ,3000 |
| ICDR4 | 5,779E+16 | 5 | ,000 | ,20000 | ,2000 | ,2000 |
| ICTS4 | 8,661E+16 | 5 | ,000 | ,30000 | ,3000 | ,3000 |
| ICDR5 | 5,779E+16 | 5 | ,000 | ,10000 | ,1000 | ,1000 |
| ICDR6 | 8,661E+16 | 5 | ,000 | ,30000 | ,3000 | ,3000 |
| ICTA6 | 5,779E+16 | 5 | ,000 | ,10000 | ,1000 | ,1000 |
| ICSB6 | 5,000 | 5 | ,004 | ,08333 | ,0405 | ,1262 |
| ICDR7 | 5,779E+16 | 5 | ,000 | ,10000 | ,1000 | ,1000 |
| ICTA8 | 5,779E+16 | 5 | ,000 | ,10000 | ,1000 | ,1000 |
| ICSB8 | 5,779E+16 | 5 | ,000 | ,10000 | ,1000 | ,1000 |
| ICDR9 | 5,779E+16 | 5 | ,000 | ,20000 | ,2000 | ,2000 |
| ICTS9 | 5,779E+16 | 5 | ,000 | ,20000 | ,2000 | ,2000 |
| ICTA9 | 5,779E+16 | 5 | ,000 | ,20000 | ,2000 | ,2000 |
| ICTS10 | 11,000 | 5 | ,000 | ,18333 | ,1405 | ,2262 |
| ICTA10 | 5,779E+16 | 5 | ,000 | ,10000 | ,1000 | ,1000 |